마음의 향기를 품은

법구경

마음의
향기를
품은
법구경

엮은이 · 법구

한역 · 차평일

영역 · 라다크리슈난

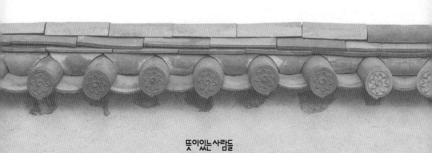

뜻이있는사람들

차례

우리의 잠든 영혼을 불러일으켜 주는
번뜩이는 지혜의 가르침!

Posted on 2016년 10월 20일 by 建聖

법구경– 한글, 한문, 영문

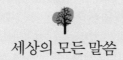

세상의 모든 말씀

『법구경』은 크게 두 가지로 뜻으로 해석할 수 있다. 하나는 법(法)은 교(敎)의 뜻으로 법구란 부처님의 가르침에 대한 문구이고, 또 하나는 법(法)은 본체를 설명하고 일체 만상의 마지막 상태 열반(nirvana)을 뜻하지만 원래 글의 어원은 발자취(trace) 뜻하므로 그 길은 글의 뜻으로 해석한다면 그 본래의 길로 해석할 수도 있고, 열반의 길로도 해석할 수도 있다. 열반의 길은 깨달음(enlightenment)에 대한 가르침을 의미한다. 원어는 담마파다로 'Dhamma'는 진리, 불멸을 뜻하며, 'pada'는 언어, 말, 길을 뜻한다. 그러므로 진리의 언어(말씀)라고 번역할 수 있다. 팔리어에는 '經'(Sutta=Sutra)이라는 글자가 없다. 그러나 『담마파다』를 번역할 때 중국인들이 그들의 기호에 알맞게 '經'자를 붙여서 『법구경』이라고 부르게 되었다. 지금은 어느 쪽으로도 가능하지만 오래전부터 한자로 번역하여 사람들의 입에 의해 전해 온 것을 법구경(法句經)이라 칭하였다.

『법구경』의 내용은 각 장의 제목에서도 알 수 있듯이 불교의 토대로부터 일상 도덕의 규율을 가르치는 것으로 사회는 생활고(生活苦), 병고(病苦), 노고(老苦), 사랑과

이별의 고, 원수와 만남의 고, 혹은 죽음의 괴로움과 번뇌 속에서 어떻게 하면 이러한 고뇌로부터 영원히 벗어날 수 있는지, 어떻게 하면 절대 안녕의 열반에 이를 수 있는가이다. 요지는 세상 사람들이 사물의 진상을 통하지 않고 헛된 생각, 그릇된 견해, 탐욕, 교만한 마음의 병으로 인하여 고통받고, 집착하고, 지키지 않아 번뇌를 키우고 있어 지혜의 눈을 뜨고 헛된 생각을 버리면 심신이 모두 안정을 되찾고 결국 열반의 상태에 이를 수 있다는 것이다.

『법구경』의 게(偈)는 이러한 의미를 가르치는 것이 불교의 목적이고, 『법구경』의 소명이자 수양의 본보기로 윤리적인 교의(敎義)를 시의 형태로 나타내어 불도(佛道)에 입문하는 지침서이다. 수행자의 경책(警策)으로써 밤낮으로 경전을 독송하여 마음속에 간직하고 잊지 않는다면 정신의 향상과 올바른 행동과 근면함, 처세의 요령 등 이 모든 방향에 좋은 약이 될 것이다.

— 차평일

❋
『법구경』의 탄생과 가르침

인도 고승 법구(法救)가 부처님의 금언(金言)을 모아 기록한 경전으로 423편의 시로 구성되어 있으며 석가모니 가르침이 간명하게 표현되어 있다. 『법구경』은 모두 송문(頌文: 부처님의 공덕이나 가르침을 찬탄하는 노래)으로 되어 있고, 고대 불교 성전인 율(律)과 경(經) 속에 산재되어 있는 주옥같은 글들을 모은 교훈집(didactic stanzas)이나 화구집(華句集: anthology)이라 하겠다. 한마디로 말한다면 시집(詩集)이다. 작자는 물론 책의 특성 상 시대가 경과함에 따라 본문의 증감은 피할 수 없었고 서기 224년에 축률(竺律)과 오지겸(吳支謙)이 함께 번역한 『법구경』은 5백 게본(偈本)에 더해져 753

계였다고 하지만, 오지겸이 쓴 것에 따르면 당시 이미 500게, 700게, 900게 세 개가 있었고, 현재 번역된 파리본(波梨本: 팔리어)은 26장 423송(頌)이 있고, 중복되는 1송을 제외하면 422송으로 이 송(頌) 수가 적은 것으로 미루어 볼 때 『파리소전(波梨所傳: 팔리경장(Sutta Piṭaka))』이 훨씬 오래되었다는 것을 알 수 있다. 『법구경』은 불교 경전 중에서 세계에 가장 널리 알려진 경전이다. 내용이 쉽고 간결하며 아름답고도 담백한 시어(詩語)로 구성되어 우리에게 친숙하게 알려져 있다. 우리가 주로 접하는 『법구경』은 주로 팔리어에서 번역된 것으로, 모두 26장 423게송을 싣고 있다. 수록자는 불분명하지만 『북방소전(北方所傳)』의 법구경, 즉 『파리소전』에 증가된 수록을 『법구경』(Dhammapada)의 선이라 할 수 있다. 『법구경』의 연대는 정확하지 않으나 부처님 사후 약 4백 년인 기원전 1세기경이라고 추정할 수 있다. 그렇다면 『파리소전』의 『법구경』은 앞서 말했던 것처럼 그 이전일 가능성이 높다. 또한 수록한 시기가 설령 부처님 사후 1100년이 지났다고는 하나 수록된 송문(頌文)의 대부분은 부처님의 말씀임에 의심의 여지가 없고, 또한 훗날 부처님의 제자들이 추가로 써넣은 송문도 포함되어 있다.

부처님의 설법은 질문자이고 이에 대해 응답할 때와 질문자 없이 부처님이 직접 가르칠 때도 있어 전자는 대고중(對告衆: 경을 설하시는 대상과 인물)과의 대면 성질, 감정과 사상 등을 고려하여 상대에 맞는 설법을 하기 위해 이른바 맞춤 설법으로 목적을 달성하기 위해서는 시간과 장소에 따라 적절한 처치를 하는 것은 물론이고, 후자의 경우에는 시간의 구애 없이 곧바로 부처님의 진의를 담은 가르침인 경우가 있다. 『법구경』은 또한 우담(Udum)이라고도 할 수 있는 무문자설(無問自說: 아무도 묻지 않아도 스스로 설법함)을 하여 심금을 울리게 하는 시로, 이 점을 보면 『법구경』은 단도직입적으로 부처님의 가르침을 진지하게 느낄 수 있는 가장 적절한 것이다. 단순히 문구가 원시적 성립이기 때문만은 아니다.

『법구경』의 번역은 맨 먼저 중국에서 시도되었는데, A.D. 224년에서 A.D. 980 사이네 번에 걸쳐 한역되었다. 『법구경』은 서양의 언어로 가장 많이 번역된 불교 경전이다. 그리고 서구 지식인들 사이에서 인간으로서, 구도자로서 이생을 살아가는 방법을 구체적으로 제시한 '삶의 지침서'로 널리 알려져 '교양필독서'로서 읽히고 있다.

1855년 덴마크의 불교학자 파우스뵐(Fausboll)에 의해서 라틴어역 법구경이 최초로 출간, 대대적인 충격을 불러 일으켰다. 당시 파우스뵐은 코펜하겐 대학 도서관에서 사서 일을 맡고 있던 무명의 젊은이에 불과했다. 파우스뵐의 라틴어 역본(譯本)에 이어 1860년 웨버(Weber)에 의해서 독일어 역본이 출간되었고, 그로부터 21년 후 1881년 막스 뮐러(Max Muller)의 영역본이 출간되었다. 막스 뮐러의 영역본은 명역(名譯)으로서 지금도 학자들 사이에서 기본 텍스트로 널리 사용되고 있다. 1914년에는 새로운 PTS본으로 팔리 원본을 곁들인 수망갈라본(Suriyagod Sumangala)이 출판되었다. 그리고 1950년에는 인도 철학자이자 인도 대통령을 역임한 라다크리슈난(Radhakrishnan)의 영역본이 출간되었다.

※

법구경의 구성

법구경은 『우다나』(無問自說經), 『숫타니파타』(經集)와 함께 가장 오래된 불교 경전으로서 예부터 불교도들 사이에서 가장 널리 읽혀지던 경전이다. 그리고 법구경은 불교 경전, 자이나교 경전, 인도의 옛 문헌 등에서 명언적인 시구들만을 뽑아 한 권의 경전으로 묶은 것이다. 이 법구경의 편집자는 달마 트라타(法救)로서 B.C. 2세기경에 살았던 인물이다. 전 26장의 내용을 자세히 살펴본다면 다음과 같다.

第1章. 쌍서품(雙敍品) — 대구(對句)의 장, THE TWIN-VERSES (1~20)
　제1장. 오늘(Yamaka Vagga) — 인간의 행동규범에 관한 내용이다. 문장의

구조로 본다면 '…하지 않으면'이라는 부정문이 반복되고 있다. 그래서 제1장을 긍정과 부정이 서로 대치되는 장이라고 한다.

第2章. 방일품(放逸品) ― 근면(勤勉)의 장, VIGILANCE (21~32)

제2장. 깨어 있음(Appamada Vagga) ― 근면에 대한 찬양이다. 절제된 생활(Appamada)과 무절제한 생활(ppamada)을 비교해 가면서 전자를 찬양하고 후자를 비판하는 식으로 시구가 전개되고 있다.

第3章. 심의품(心意品) ― 마음의 장, THOUGHT (33~44)

제3장. 마음(Citta Vagga) ― 마음에 관한 긍정적인 면과 부정적인 면을 노래한 시구이다.

第4章. 화향품(華香品) ― 꽃의 장, FLOWERS (45~59)

제4장. 꽃(Puppha Vagga) ― 들꽃의 비유를 들어, 격조 높은 불멸의 세계를 노래하고 있다.

第5章. 우암품(愚闇品) ― 바보의 장, THE FOOL (60~75)

제5장. 어리석은 이(Bala Vagga) ― 어리석음에 대한 격렬한 비판이다. '어리석은 이와 같이 가는 것은 고통스러운 일이니 외롭더라도 차라리 홀로 가라'는 간절한 가르침이 이 장의 전편에 흐르고 있다.

第6章. 현철품(賢哲品) ― 현자(賢者)의 장, THE WISE MAN (76~89)

제6장. 현명한 이(Pandita Vagga) ― 지혜로운 현자에 대한 찬양으로서 앞의 제5장과 좋은 대조를 이루고 있다.

第7章. 아라한품(阿羅漢品) ― 성인(聖人)의 장, THE ARHAT (THE SAINT) (90~99)

제7장. 새벽의 사람(Arahanta Vagga) ― 거룩한 성자, 아라한에 대한 찬양이다.

第8章. 술천품(述千品) ― 천(千) 가지 장, THE THOUSANDS (100~115)

제8장. 천 가지의 장(Sahassa Vagga) ― 모든 시구가 백(Satam), 또는 천(Sahassam)이라는 숫자로 시작하고 있기 때문에 '천 가지의 장'이라 한 것이다. 이 경전을 편집할 당시 천이나 백의 숫자로 시작되는 시 구절들을 한데 묶은 것으로 추정된다.

第9章. 악행품(惡行品) — 악행(惡行)의 장, EVIL CONDUCT (116~128)

제9장. 악행(Papa Vagga) — 권선징악의 도덕률을 노래한 시구들이다.

第10章. 도장품(刀杖品) — 징벌(懲罰)의 장, PUNISHMENT (129~145)

제10장. 폭력(Danda Vagga) — 폭력에 대한 비판이다. 한역(漢譯)에서 이 장을 〈도장품〉(刀杖品)이라고 한 것은 옛날 죄인을 벌줄 때 칼이나 몽둥이를 사용했기 때문이다.

第11章. 노모품(老耗品) — 늙음의 장, OLD AGE (146~156)

제11장. 늙어감(Jara Vagga) — 젊은 시절에 마음 닦기를 게을리 하게 되면 늙어서 비참해진다는 식의 감상조가 가을바람처럼 시구의 전편에 흐르고 있다.

第12章. 기신품(己身品) — 자신(自身)의 장, THE SELF (157~166)

제12장. 자기 자신(Atta Vagga, 己身品) — 나 자신을 다스리는 방법에 대한 시구이다.

第13章. 세속품(世俗品) — 세속(世俗)의 장, THE WORLD (167~178)

제13장. 이 세상(Loka Vagga) — 덧없는 이 세속의 꿈에서 깨어나 저 불멸의 길을 가라는 가르침이다.

第14章. 불타품(佛陀品) — 불타(佛陀)의 장, THE BUDDHA(THE AWAKENED) (179~196)

제14장. 깨달은 이(Budda Vagga) — 깨달은 이, 부처님에 대한 찬양이다.

第15章. 안락품(安樂品) — 행복(幸福)의 장 HAPPINESS (197~208)

제15장. 행복(Sukha Vagga) — 진정한 행복이란 무엇인가, 그리고 그것은 어디에 있는가에 대한 시구이다.

第16章. 애호품(愛好品) — 쾌락(快樂)의 장, PLEASURE (209~220)

제16장. 쾌락(Piga Vagga) — 사랑이 주는 쾌락보다는 그 쾌락 뒤에 오는 고통이 더 심하기 때문에 이를 깨닫고 쾌락의 길을 아예 가지 말라는 가르침이다. 그 시구의 흐름이 아주 간결하기 이를 데 없다.

第17章. 분노품(忿怒品) — 분노(忿怒)의 장, ANGER (221~234)

제17장. 성냄(Kodha Vagga) — 분노에 대한 가르침이다. 분노가 그 제어력을

잃어버리게 되면 고삐 풀린 말과 같아서 걷잡을 수 없다. 그러므로 고삐가 풀리기 전에 분노라는 미친 말을 잘 다스리라는 가르침이다.

第18章. 진구품(塵垢品) — 때 묻음의 장, IMPURITY (235~255)

제18장. 더러움(Mala Vagga) — 죽음의 공포와 무지에 대한 노래이다. 이 장에서 특이한 점은 '무지(無知)'를 가장 추한 것으로 보고 있다는 것이다.

第19章. 주법품(住法品) — 정의(正義)의 장, THE RIGHTEOUS (256~272)

제19장. 올바름(Dhamatta Vagga) — 정의에 대한 설명이다. 무엇이 정의인가, 그리고 진정한 의미에서 '어른'이란 어떤 사람인가 등에 관한 시구이다.

第20章. 도행품(道行品) — 길의 장, THE PATH (273~289)

제20장. 진리의 길(Magga Vagga) — 불교 사상의 핵심인 세 가지 진리(三法印)와 네 가지 진리(四聖諦) 등에 대한 시구이다.

第21章. 광연품(廣衍品) — 여러 가지의 장, MISCELLANEOUS VERSES(290~305)

제21장. 여러 가지(Pakinnaka Vagga) — 일관된 흐름이 없고 다양한 시구들을 한데 묶어 놓은 느낌이다.

第22章. 지옥품(地獄品) — 지옥(地獄)의 장, THE DOWNWARD COURSE (HELL) (306~319)

제22장. 어둠(Niraya Vagga) — 저 어둠의 심장인 지옥에 관한 시구이다.

第23章. 상유품(象喩品) — 코끼리의 장, THE ELEPHANT (320~333)

제23장. 코끼리(Naga Vagga) — 화살을 맞고도 그 고통을 참고 견디는 코끼리처럼 구도자는 온갖 고난과 고독을 묵묵히 참고 견디며 살아가라는 가르침이다.

第24章. 애욕품(愛欲品) — 애욕의 장, THIRST (OR CRAVING) (334~359)

제24장. 욕망(Tanha Vagga) — 걷잡을 수 없이 뻗어나가는 욕망의 흐름을 지혜롭게 다스려 가라는 가르침이 다.

第25章. 비구품(比丘品) — 탁발승(托鉢僧)의 장, THE MENDICANT (360~382)

제25장. 수행자(Bhikkhu Vagga) — 수행자에 관한 시구이다. 진정한 수행자란

누구인가, 그리고 진정한 수행자가 되기 위해서는 어찌해야 하는가에 대한 가르침이다.

第26章. 바라문품(婆羅門品) ― 성직자(聖職者)의 장, THE BRAHMIN (383~423)

제26장. 브라만(Brahmana Vagga) ― 법구경의 마지막 장이다. '브라만'(Brahma na)이란 힌두교의 성직자, 즉 힌두사제를 일컫는 말이다. 힌두사제가 될 수 있는 자격은 전통적으로 엄격한 혈통과 가문에 의해서이다. 그러나 불교는 이 오랜 전통에 과감히 도전했다. "브라만의 자격은 혈통에 의해서가 아니라 그 행위에 의해서 결정된다."라는 것이다. 불교의 이 같은 주장은 당시의 사회적 상황에서는 실로 엄청난 충격이었다. 그러한 충격적인 가르침으로 법구경의 마지막 장은 끝나고 있는 것이다.

법구경 法句經
영역 원고 The Dhammapada by S. Radhakrishnan
[1888~1975, 전 인도 대통령(1962~1967) 재직], 1950년 판

第1章

쌍서품(雙敍品)

대구(對句)의 장

THE
TWIN—VERSES
오늘

모든 일은 의지에서 비롯된다.
그러므로 의지는 그것에 대한 지배자이자 작자이다.
누구라도 불순한 의지를 가지고 말하거나 행한다면
결국 괴로움은 본인을 따르게 된다.
마치 수레를 끄는 사람의 발자국을 따르는 수레바퀴처럼.

心爲法本 心尊心使 中心念惡 卽言卽行 罪苦自追 車轢于轍
심위법본 심존심사 중심념악 즉언즉행 죄고자추 거력우철

(The mental) natures are the result of what we have thought, are chieftained by our thoughts, are made up of our thoughts. If a man speaks or acts with an evil thought, sorrow follows him (as a consequence) even as the wheel follows the foot of the drawer (i.e. the ox which draws the cart).

모든 일은 의지에서 비롯된다.
그러므로 의지는 지배자이자 작자이다.
누구라도 순한 의지를 가지고 말하거나 행한다면,
결국 즐거움은 본인을 따르게 된다.
마치 떼려야 뗄 수 없는 그림자처럼.

心爲法本 心尊心使 中心念善 卽言卽行 福樂自追 如影隨形
심위법본 심존심사 중심념선 즉언즉행 복락자추 여영수형

(The mental) natures are the result of what we have thought, are chieftained by our thoughts, are made up of our thoughts. If a man speaks or acts with a pure thought, happiness follows him (in consequence) like a shadow that never leaves him.

"그는 내게 욕을 퍼부었다.
나를 때려 굴복시키고 내 것을 빼앗았다."
이러한 생각에 집착하는 사람에게 증오심은 가라앉지 않는다.

人若罵我 勝我不勝 快意從者 怨終不息
인약매아　승아불승　쾌의종자　원종불식

"He abused me, he struck me, he overcame me, he robbed me."– in those who harbour such thoughts hatred will never cease.

"그는 내게 욕을 퍼부었다.
나를 때려 굴복시키고 내 것을 빼앗았다."
이러한 생각에 집착하지 않는 사람에게 증오심은 사라진다.

人若致毀罵 役勝我不勝 快樂從意者 怨終得休息
인약치훼매　역승아불승　쾌락종의자　원종득휴식

"He abused me, he struck me, he overcame me, he robbed me."– in those who do not harbour such thoughts hatred will cease.

남을 원망하는 마음을 품고 있다면
그 원망은 결코 풀 수가 없다.
오로지 원망이 없는 마음만이 원망을 풀 수 있다.
이것은 영원히 변치 않는 진리이다.

不可怨以怨 終以得休息 行忍得息怨 此名如來法
불가원이원 종이득휴식 행인득식원 차명여래법

Not at any time are enmities appeased here through enmity but they are appeased through non–enmity. This is the eternal law.

"우리는 결국 언젠가 죽어야 할 존재이다."
사람들 대부분은 이 사실을 망각하고 있다.
만약 이 사실을 깨닫는다면,
그 사람에게는 더 이상 싸울 일이 없을 것이다.

不好責彼 務自省身 如有知此 永滅無患
불호책피 무자성신 여유지차 영멸무환

Some (Who are not learned) do not know that we must all come to an end here; but those who know this, their dissensions cease at once by their knowledge.

세상의 모든 아름다운 것에 미혹되거나
모든 감각의 욕망에 취해 억제하지 못하고,
먹고 마시는 것의 양을 절제하지 않고
노력을 게을리 하는 사람은 유혹이라는 악마에게 정복당한다.
마치 바람이 연약한 나무를 쓰러뜨리는 것처럼.

行見身淨 不攝諸根 飮食不節 漫墮怯弱 爲邪所制 如風靡草
행견신정 불섭제근 음식부절 만타겁약 위사소제 여풍미초

As the wind throws down a tree of little strength so indeed does
Mara (the tempter) overthrow him who lives looking for pleasures,
uncontrolled in his senses, immoderate in eating, indolent, and of
low vitality.

세상의 아름다움에 지배당하지 않고
그 아름답지 않은 실상을 인식하며 살거나,
모든 감각의 욕망을 억제하고, 먹고 마시는 것을 자제하고,
확신과 노력을 게을리 하지 않는 사람은
유혹이라는 악마에게 정복당하지 않는다.
마치 거센 바람 속에서 꿈쩍도 하지 않는 바위산처럼.

觀身不淨 能攝諸根 食知節度 常樂精進 不爲邪動 如風大山
관신부정 능섭제근 식지절도 상락정진 불위사동 여풍대산

As he wind does not throw down a rocky mountain, so Mara indeed
does not overthrow him who lives unmindful of pleasures, well
controlled in his senses, moderate in eating, full of faith (in the Buddha,
the low, and the samgha or community), and of high vitality.

마음속 더러움을 털어내지 않고
자제심과 진실이 부족한 채
오로지 수행자의 옷을 입기를 바란다면,
그는 수행자의 옷을 입을 자격이 없다.

不吐毒態 慾心馳騁 未能自調 不應法衣
불토독태 욕심치빙 미능자조 불응법의

He who will wear the yellow robe without having cleansed himself
from impurity, who is devoid of truth and self-control, is not
deserving of the yellow robe.

모든 마음속 더러움을 털어버리고
도덕적으로 자신을 지키며 자제심과 진실을 갖추었다면,
그 사람이야말로 수행자의 옷을 입기에 걸맞다.

能吐毒態 戒意安靜 降心已調 此應法衣
능토독태 계의안정 강심이조 차응법의

But he who puts away depravity, is well grounded in all virtues, and
is possessed of self-restraint and truth is indeed worthy of the
yellow robe.

진실이 아닌 것을 진실이라 여기고,
이와 반대로 진실을 진실이 아니라고 여기는 사람들은
결코 진실에 이를 수 없다.
그는 그릇된 사상의 경계를 떠돌게 될 것이다.

以眞爲僞 以僞爲眞 是爲邪計 不得眞利
이진위위   이위위진   시위사계   부득진리

They who imagine truth in untruth and see untruth in truth, never
arrive at truth but follow vain imaginings(desires).

진실을 진실로 여기고,
진실이 아닌 것을 진실이 아닌 줄 아는
올바른 인식을 가진 사람은 결국 진실에 이르게 된다.
그는 옳은 사상 안에 머무르게 된다.

知眞爲眞 見僞知僞 是爲正計 必得眞利
지진위진   견위지위   시위정계   필득진리

But they who know truth as truth and untruth as untruth arrive at
truth and follow right desires.

지붕이 허술한 오두막에 비가 새듯이
반성할 줄 모르는 정신 또한 이와 마찬가지로
본능적 욕망으로 인해 무너지고 만다.

蓋屋不密 天雨則漏 意不惟行 淫泆爲穿
개옥불밀 천우즉루 의불유행 음일위천

As rain breaks through an ill–thatched house, so passion makes its
way into an unreflecting mind.

지붕이 튼튼한 오두막에 결코 비가 새지 않는 것처럼
스스로 반성할 줄 아는 정신 또한 이와 마찬가지로
본능적 욕망으로 인해 결코 무너지지 않는다.

蓋屋善密 雨則不漏 攝意惟行 淫泆不生
개옥선밀 우즉불루 섭의유행 음일불생

As rain does not break through a well–thatched house, so passion
does not make its way into a reflecting mind.

15

해악을 저지른 자는 이승에서는 물론
저승에서도 근심을 한다.
이렇게 양쪽에서 자신의 마음을 괴롭힌다.
자신이 저지른 해악을 바라보며 괴로워하고 두려워한다.

造憂後憂 行惡兩憂 彼憂惟懼 見罪心懅
조우후우　행악양우　피우유구　견죄심거

The evil-doer grieves in this world, he grieves in the next; he grieves
in both. He grieves, he is afflicted, seeing the evil of his own actions.

16

선행을 한 사람은 이승에서는 물론 저승에서도 기뻐한다.
이렇게 양쪽에서 자신의 마음을 기쁘게 한다.
자신이 베푼 선행을 바라보며 기뻐하고 또 기뻐한다.

造喜後喜 行善兩喜 彼喜惟歡 見福心安
조희후희　행선양희　피희유환　견복심안

The righteous man rejoices in this world, he rejoices in the next; he
rejoices in both. He rejoices and becomes delighted seeing the purity
of his own actions.

17

악행을 저지른 자는
이승에서도 괴로워하고 저승에서도 괴로워한다.
"내가 큰 잘못을 저질렀구나."
그는 이렇게 생각하며 괴로워한다.
그리고 저주받은 다음 생에 또다시 괴로워한다.

今悔後悔 爲惡兩悔 厥爲自殃 受罪熱惱
금회후회　위악양회　궐위자앙　수죄열뇌

The evil-doer suffers in this world, he suffers in the next; he suffers
in both. He suffers (thinking) 'Evil has been done by me.' He suffers
even more when he has gone to the evil place.

18

자비를 베푼 사람은 이승은 물론 저승에서도 기뻐한다.
이렇게 양쪽에서 자신의 마음을 기쁘게 한다.
"나는 정말 좋은 일을 했다."
그는 이렇게 생각하며 기뻐한다.
그리고 행복한 다음 생에 또다시 기뻐한다.

今歡後歡 爲善兩歡 厥爲自祐 受福悅豫
금환후환　위선양환　궐위자우　수복열예

The righteous man rejoices in this world, he rejoices in the next; he
rejoices in both. He rejoices (thinking) 'Good has been done by me.'
He rejoices still more when he has gone to the good place.

19

아무리 의미심장한 경전을 많이 읽었다 하더라도
가르침을 실천하지 않은 채 방탕한 생활을 한다면
이는 마치 목동이 남의 소만 세는 것과 마찬가지이다.
그런 사람은 아무리 수행을 한다고 하더라도
아무것도 얻을 수 없다.

雖誦習多義　放逸不從正　如牧數他牛　難獲沙門果
수송습다의　방일불종정　여목수타우　난획사문과

Even if he recites a large number of scriptural texts but, being
slothful, does not act accordingly, he is like a cowherd counting the
cows of others, he has no share in religious life.

의미심장한 경전을 많이 읽지 못했더라도
정의를 실천하고 욕망과 분노와 어리석음을 벗어버린다면
진리의 지식에 도달하여 정신의 자유를 얻어 마음을 비워
내세를 동경하는 사람으로서
수행자의 반열에 오를 수 있다.

時言少求 行道如法 除狀怒痴 覺正意解 見對不起 是佛弟子
시언소구 행도여법 제음노치 각정의해 견대불기 시불제자

Even if he recites only a small number of scriptural texts, if he is
one who acts rightly in accordance with the law, he, having forsaken
passion, hatred, and folly, being possessed of true knowledge and
serenity of mind, being free from worldly desires both in this world
and the next, has a share in the religious life.

第2章

방일품(放逸品)

근면(勤勉)의 장

VIGILANCE

깨어 있음

21

부지런함은 영생에 이르는 길이고,
그와 반대로 게으름은 죽음에 이르는 길이다.
그러므로 부지런히 힘쓰는 사람은 영원히 죽지 않지만,
게으른 사람은 산송장이나 마찬가지다.

戒爲甘露道 放逸爲死徑 不貪則不死 失道爲自喪
계위감로도 방일위사경 불탐즉불사 실도위자상

Vigilance is the abode of eternal life, thoughtlessness is the abode
of death. Those who are vigilant (who are given to reflection) do not die.
The thoughtless are as if dead already.

22

현명한 사람은 부지런함에 대한 진리를 깨닫고
자신의 부지런한 마음을 기뻐한다.
그리하여 그는 성인의 경지를 즐기게 된다.

慧知守道勝 從不爲放逸 不貪致歡喜 從是得道樂
혜지수도승 종불위방일 불탐치환희 종시득도락

The wise who have clearly understood this reflectiveness delight in
reflectiveness and rejoice in the knowledge of the Aryas.

23

이렇듯 현명한 사람은
조용히 생각을 하나에 집중하고 인내하며
항상 부지런히 수행하여
이윽고 더없는 평화와 행복의 정신적 자유를 체험한다.

常當惟念道 自强守正行 健者得度世 吉祥無有上
상당유념도　자강수정행　건자득도세　길상무유상

There wise ones, meditative, persevering, always putting forth
strenuous effort attain to nirvana, the highest freedom and
happiness.

부지런한 마음과 명확한 자각을 갖추고
옳은 행위를 위해 마음 쓰며 스스로를 자제하고
교리에 따라 생활하라.
이런 노력을 게을리 하지 않는 사람의 명예는
더욱더 높아질 것이다.

正念常興起 行淨惡易滅 自制以法壽 不犯善名增
정념상흥기　행정악이멸　자제이법수　불범선명증

If a person in reflective, if he rouses himself, if he is evermindful,
if his deeds are pure, if he acts with consideration, if he is self–
restrained and lives according to law, his glory will increase.

현명한 사람은 게으르지 않고 부지런한 마음을 지니며,
자제하고 통제함으로써
폭풍우에도 흔들리지 않는 하나의 섬을 만들 수 있다.

發行不放逸 約以自調心 慧能作錠明 不返冥淵中
발행불방일　약이자조심　혜능작정명　불반명연중

The wise man, by rousing himself, by vigilance, by restraint, by
control, may make for himself an island which the flood cannot
overwhelm.

어리석고 지혜가 없는 사람은 육체적 향락만을 좇는다.
그러나 현명한 사람은 오로지 정진한다.
마치 최고의 보물을 지키듯이.

愚人意難解 貪亂好爭訟 上智常重愼 護斯爲寶尊
우인의난해 탐란호쟁송 상지상중신 호사위보존

Fools, men of inferior intelligence, fall into sloth; the wise man guards his vigilance as his best treasure.

육체적 향락을 좇아서는 안 된다.
욕정의 즐거움에 빠져서는 안 된다.
마음을 가라앉히고 부지런히 정진하는 사람만이
풍요로운 행복을 얻을 수 있다.

莫貪莫好諍 亦莫嗜欲樂 思心不放逸 可以獲大安
막탐막호쟁 역막기욕락 사심불방일 가이획대안

Give not yourselves over to sloth or to the intimacy with lust and sensual pleasures. He who meditates with earnestness attains great joy.

정진하여 게으름을 물리친 현자는
높은 지혜의 망루에 올라 근심 없는 마음을 갖게 되며,
근심에 찬 무리를 내려다본다.
마치 산 위에 서서 땅 아래의 사람을,
현명한 사람이 어리석은 사람을 내려다보듯이.

放逸如自禁　能却之爲賢　已昇智慧閣
방일여자금　능각지위현　이승지혜각

去危爲卽安　明智觀於愚　譬如山如地
거위위즉안　명지관어우　비여산여지

When the wise man drives away sloth by strenuous effort, climbing
the high tower of wisdom, he gazes sorrowless on the sorrowing
crowd below. The wise person gazes on the fools even as one on the
mountain peak gazes upon the dwellers on the plain(below).

게으른 사람들 속에서 부지런하고,
잠든 사람 가운데서 깨어 있는 현자는
마치 나약한 말을 준마가 추월해 나가듯이
홀로 무리를 추월해 달린다.

不自放逸 從是多寤 羸馬比良 棄惡爲賢
불자방일 종시다오 이마비량 기악위현

Earnest among the slothful, awake among the sleepy, the wise man
advances even as a racehorse does, leaving behind the hack.

제석천(帝釋天:인드라)은
부지런하여 모든 신들의 으뜸이 되었다.
부지런함은 항상 칭송을 받고
게으름은 언제나 경멸을 당한다.

不殺而得稱 放逸致毀謗 不逸摩竭人 緣諍得生天
불살이득칭 방일치훼방 불일마갈인 연쟁득생천

By vigilance did Indra rise to the lordship of the gods. People praise
vigilance; thoughtlessness is always deprecated.

31

부지런함을 즐기고 게으름을 두려워하는 수행자는
타오르는 불꽃처럼
크고 작은 모든 심적 장애물을 태워버리고 살아간다.

比丘謹愼樂 放逸多憂愆 結使所纏裏 爲火燒已盡
비구근신락 방일다우건 결사소전리 위화소이진

A mendicant who delights in vigilance, who looks with fear
on thoughtlessness(who sees danger in it), moves about like a fire
consuming every bond, small or large.

32

부지런함에서 즐거움을,
게으름에서 두려움을 느끼는 수행자는
결코 물러서지 않는다.
그는 이미 정신적 자유에 가까이 와 있다.

守戒福致喜 犯戒有懼心 能斷三界漏 此乃近泥洹
수계복치희 범계유구심 능단삼계루 차내근니원

A mendicant who delights in vigilance, who looks with fear on
thoughtlessness, cannot fall away (from his perfect state) (but) is close to
nirvana.

第3章

심의품(心意品)

마음의 장

THOUGHT 3

마음

마음은 어지럽게 흔들리는 것이다.
그러므로 마음을 지키고 제어하는 것은 매우 어렵다.
그러나 현자는
마치 활을 만드는 장인이 화살을 곧게 만들듯이
정신을 곧게 유지한다.

心多爲輕躁 難持難調護 智者能自正 如匠搦箭直
심다위경조 난지난조호 지자능자정 여장익전직

Just as a fletcher makes straight his arrow, the wise man makes
straight his trembling, unsteady thought which is difficult to guard
and difficult to hole back (restrain).

물에서 잡혀 나와 메마른 땅바닥에 던져진 물고기처럼
우리의 마음은 악마의 유혹에서 벗어나기 위해 몸부림친다.

如魚在旱地 以離於深淵 心識極惶懼 魔衆而奔馳
여어재한지 이리어심연 심식극황구 마중이분치

Even as a fish taken from his watery home and thrown on the dry
ground (moves about restlessly), this thought quivers all over in order to
escape the dominion of Mara (the tempter or Death).

35

마음은 항상 방황하며
욕망을 좇기 때문에 억제하기가 어렵다.
그러므로 이러한 마음을 제어하는 것은 매우 중요한 일이다.
억제된 마음은 평온을 찾게 된다.

輕躁難持 惟欲是從 制意爲善 自調則寧
경조난지　유욕시종　제의위선　자조즉녕

The control of thought, which is difficult to restrain, fickle, which
wanders at will, is good; a tamed mind is the bearer of happiness.

36

마음은 알 수 없을 만큼 미묘하며 욕망에 따라 흔들린다.
현명한 사람이여, 이러한 마음을 지키고 조심한다면
평온에 이를 것이다.

意微難見 隨欲而行 慧常自護 能守則安
의미난견　수욕이행　혜상자호　능수즉안

Let the wise man guard his thought, which is difficult to perceive,
which is extremely subtle, which wanders at will. Thought which is
well guarded is the bearer of happiness.

37

마음은 홀로 멀리 떠나 방황하고
아무런 형태도 없이 보이지 않는 곳에 숨어 있다.
이러한 마음을 제어할 수 있는 사람은
악마의 속박에서 해방된다.

獨行遠逝 覆藏無形 損意近道 魔繫乃解
독행원서 부장무형 손의근도 마계내해

They who will restrain their thought, which travels far, alone,
incorporeal, seated in the cave (of the heart), will be freed from the
fetters of death.

38

마음이 확고하지 않고 진리의 교리도 모르며,
확신이 없이 흔들리는 사람은
완전한 지식에 도달할 수가 없다.

心無住息 亦不知法 迷於世事 無有正智
심무주식 역부지법 미어세사 무유정지

If a man's thought is unsteady, if it does not know the true law, if
the serenity of mind is troubled, (in him) wisdom is not perfected.

마음이 그 어떤 것의 지배도 받지 않고,
생각이 그 어떤 것에 의해서도 흔들리지 않으며,
선악조차도 초월하여 자각한 사람에게는
그 어떤 두려움도 없다.

念無適止 不絶無邊 福能遏惡 覺者爲賢
염무적지 부절무변 복능알악 각자위현

There is no fear for him whose thought is untroubled (by faults),
whose thought is unagitated, who has ceased to think of good and
evil, who is awake (watchful, vigilant).

몸뚱이가 물병처럼 깨지기 쉬운 것이라는 것을 이해하고,
마음이 무너지지 않는 성곽과 같은 것이라는 것을 깨닫고
지혜의 무기로 악마와 싸우며
이미 얻은 것을 지키기 위해 결코 안주해서는 안 된다.

觀身如空瓶 安心如丘城 以慧與魔戰 守勝勿復失
관신여공병 안심여구성 이혜여마전 수승물부실

Knowing that this body is (fragile) like a jar, making this thought firm
like a fortress, let him attack Mara (the tempter) with the weapon of
wisdom, protect what he has conquered and remain attached to it.

결국 머지않아 육신은 땅 위에 눕게 될 것이다.
그리하여 육신은 썩고 의식은 사라져 무용지물이 된다.
마치 말라비틀어진 나뭇가지처럼.

是身不久 還歸於地 神識已離 骨幹獨存
시신불구　환귀어지　신식이리　골간독존

Before long, alas, will this body lie on the earth, despised, bereft of
consciousness, useless like a burnt faggot.

증오심을 품고 있는 것이
증오하는 상대에게 어떤 해를 입히고,
또한 원한을 품는 것이
그 상대에게 어떤 해를 입힐 수 있다고 하더라도,
이런 그릇된 마음은
자기 자신에게 더 큰 해를 입히게 된다.

心豫造處 往來無端 念無邪僻 自爲招惡
심예조처　왕래무단　염무사벽　자위초악

Whatever an enemy may do to an enemy, whatever a hater may do
to a hater, a wrongly directed mind will do us greater harm.

어머니와 아버지가 어떤 행복을 주고,
또한 친척들이 어떤 행복을 준다고 하더라도
올바른 마음은 자기 자신에게 보다 큰 행복을 가져다준다.

是意自造 非父母爲 可勉向正 爲福勿回
시의자조 비부모위 가면향정 위복물회

Not a mother, not a father, nor any other relative will do so much; a
well–directed mind will do us greater service.

第4章
화향품(華香品)

꽃의 장

FLOWERS

꽃

누가 이 대지를 정복할 수 있을까?
누가 죽음의 세계와 신의 세계를 정복할 수 있겠는가?
마치 현명한 사람이 꽃을 모으는 것처럼
누가 훌륭한 진리의 가르침을 모을 수 있겠는가?

孰能擇地　捨鑑取天　誰設法句　如擇善華
숙능택지　사감취천　수설법구　여택선화

Who shall conquer this world and this world of Yama (the lord of the departed) with its gods? Who shall find out the well–taught path of virtue even as a skilled person finds out the (right) flower?

성자가 되기 위해 노력하는 사람이야말로
이 대지와 죽음의 세계, 신의 세계를 정복한다.
마치 현명한 사람이 꽃을 모으듯이
그야말로 훌륭한 진리의 가르침을 모을 수 있다.

學者擇地　捨鑑取天　善說法句　能採德華
학자택지　사감취천　선설법구　능채덕화

The disciple will conquer this world and this world of Yama with its gods. The disciple will find out the well–taught path of virtue even as a skilled person finds out the (right) flower.

육체가 물거품과 같고 아지랑이 같다는 것을 깨닫고,
악마가 쏜 꽃 화살을 꺾어버리는 사람은
염라대왕과 만나지 않아도 될 곳으로 갈 수 있다.

觀身如沫 幻法野馬 斷魔華敷 不覩死生
관신여말　환법야마　단마화부　불도사생

Knowing that this body is like froth, knowing that it is of the nature
of a mirage, breaking the flowery shafts of Mara, he will go where
the king of death will not see him.

욕정에 사로잡혀
꽃을 꺾는 일에 정신이 팔려 있는 사람은
죽음과 함께 사라진다.
마치 잠들어 있는 마을을 홍수가 휩쓸고 가듯이.

如有採花 專意不散 村睡水漂 爲死所牽
여유채화　전의불산　촌수수표　위사소견

Death carries off a man who is gathering (life's) flowers, whose mind
is distracted, even as a flood carries off a sleeping village.

48

욕정에 사로잡혀
꽃을 꺾는 일에 정신이 팔려 있는 사람은
자신도 모르는 사이 죽음에 정복당한다.

如有採花 專意不散 欲意無厭 爲窮所困
여유채화 전의불산 욕의무염 위궁소곤

Death overpowers a man even while he is gathering (life's) flowers
and whose mind is distracted even before he is satiated in his
pleasures.

49

벌이 꽃과 색과 향기를 다치지 않고 꿀만 따가듯이
지혜로운 사람도 그렇게 마을을 유람하라.

如蜂集華 不嬈色香 但取味去 仁入聚然
여봉집화 불요색향 단취미거 인입취연

Even as bee gathers honey from a flower and departs without
injuring the flower or its colour or scent, so let a sage dwell in his
village.

50

남의 허물이나 남이 해서는 안 될 일,
남이 게으른 모습을 봐서는 안 된다.
그러나 자신이 어떤 일을 저지르고
무엇을 게을리 하였는지는 깨달아야 한다.

不務觀彼 作與不作 常自省身 知正不正
불무관피 작여부작 상자성신 지정부정

Not the unworthy actions of others, not their (sinful) deeds of
commission or omission, but one's own deeds of commission and
omission should one regard.

51

화사하여 마음을 사로잡는 꽃이 그 향기를 잃듯이
아무리 그럴싸한 말이라도 실천하지 않는다면
결실을 맺을 수가 없다.

如可意華 色好無香 工語如是 不行無得
여가의화 색호무향 공어여시 불행무득

Like a beautiful flower, full of colour but without scent, are the well-
spoken but fruitless words of him who does not act (as he professes
to).

화사하게 피어오르는 꽃에 아름다운 향기가 더해지듯이
그럴싸한 말이 실천으로 옮겨진다면
결실을 맺게 될 것이다.

如可意華 色美且香 工語有行 必得其福
여가의화 색미차향 공어유행 필득기복

But like a beautiful flower full of colour and full of scent are the
well–spoken and fruitful words of him who acts (as professes to).

잔뜩 쌓아올린 꽃무더기에서
온갖 꽃다발을 만들 수 있듯이
세상에 태어나 결국 죽게 될지언정
행해야 할 온갖 선행이 존재한다.

多集衆妙華 結鬘爲步瑤 有情積善根 後世轉殊勝
다집중묘화 결만위보요 유정적선근 후세전수승

As many kinds of garlands can be made from a heap of flowers, so
many good works should be achieved by a mortal when once he is
born.

꽃향기는 바람을 거슬러 그 향을 풍길 수가 없다.
단향목도 다가라향도 연꽃이라도 마찬가지다.
그러나 선행의 향기는 바람에도 향기를 풍길 수 있다.
고귀한 사람의 향기는 사방으로 널리 퍼진다.

花香不逆風　芙蓉梅檀香　德香逆風薰　德人偏聞香
화향불역풍　부용매단향　덕향역풍훈　덕인편문향

The scent of flowers does not travel against the wind, nor that of
sandalwood, nor of tagara and mallika flowers, but the fragrance of
good people travels even against the wind. A good man pervades
every quarter.

단향목과 다가라향과 푸른 연꽃, 그리고 바시키 등,
이렇듯 향기를 풍기는 것들 중에서
도덕의 향기를 능가하는 것은 없다.

栴檀多香　靑蓮芳花　雖曰是眞　不如戒香
전단다향　청련방화　수왈시진　불여계향

Sandalwood or tagara, a lotus flower or a vassiki among these kinds
of perfumes the perfume of virtue is unsurpassed.

다가라나 단향목의 향기는
미미한 것이라 멀리 퍼져 가지 못한다.
그러나 도덕을 갖춘 사람의 향기는
멀리 신들에게까지 퍼져 견줄 만한 것이 없다.

華香氣微 不可謂眞 持戒之香 到天殊勝
화향기미 불가위진 지계지향 도천수승

Little is the scent that comes from tagara or sandalwood, the
perfume of those who possess virtue rises up to the gods as the
highest.

이렇듯 도덕을 갖추고 부지런히 정진하며
모든 것을 올바르게 이해하여
그 무엇의 속박도 당하지 않는 사람에게는
악마의 유혹도 가까이할 수 없다.

戒具成就 行無放逸 定意度脫 長離魔道
계구성취 행무방일 정의도탈 장리마도

Of those who possess these virtues, who live without
thoughtlessness, who are freed by perfect knowledge, Mara the
tempter never finds their way.

마치 길가에 버려진 쓰레기더미에서
향긋한 향기가 풍기는
마음을 즐겁게 해주는 연꽃이 피어나듯이

如作田溝 近于大道 中生蓮花 香潔可意
여작전구 근우대도 중생연화 향결가의

Just as on a heap of rubbish thrown upon the highway grows the
lotus sweetly fragrant and delighting the heart.

눈먼 중생들 속에서
모든 것을 널리 바르게 깨달은 부처의 제자는
지혜의 빛과 함께 나타난다.

有生死然 凡夫處邊 慧者樂出 爲佛弟子
유생사연 범부처변 혜자락출 위불제자

Even so among those blinded mortals who are like rubbish the
disciple of the truly enlightened Buddha shines with exceeding glory
by his wisdom.

第 5 章
우암품(愚闇品)

바보의 장

THE FOOL

어리석은 이

잠 못 이루는 사람에게 밤은 길다.
지친 나그네에게는 지척의 길도 멀다.
진리를 모르는 어리석은 사람에게
끝없이 반복되는 윤회의 삶은 너무도 길다.

不寐夜長 疲倦道長 愚生死長 莫知正法
불매야장 피권도장 우생사장 막지정법

Long is the night to him who is awake, long is the yojana (a space of
nine or twelve miles) to him who is weary; long is the chain of existence
to the foolish who do not know the true law.

여행 중 자신보다 뛰어난 사람이나
비슷한 사람이라도 만나지 못했다면
마음을 굳게 먹고 홀로 가라.
어리석은 자와 함께할 필요는 없다.

學無朋類 不得善友 寧獨守善 不與愚偕 自受大罪
학무붕류 부득선우 영독수선 불여우해 자수대죄

If on a journey(a traveller) does not meet his better or equal let him
firmly pursue his journey by himself; there is no companionship
with a fool.

"내게는 자식이 있다. 내게는 재산이 있다."
어리석은 자는 이렇게 말하며 스스로를 괴롭힌다.
그러나
그 자신 또한 본질적으로는 존재하지 않는 것이 아닌가?
헌데 어찌 자식이 있을 것이고, 재산이 있겠는가?

有子有財 愚唯汲汲 我且非我 何有子財
유자유재　우유급급　아차비아　하유자재

The fool is tormented thinking 'These sons belong to me', 'This
wealth belong to me', He himself does not belong to himself. How
then can sons be his? How can wealth be his?

어리석은 자가 스스로 어리석은 줄 안다면
그는 현명한 사람이다.
그러나 어리석은 자가 자신을 현명하다고 착각한다면
그야말로 어리석은 사람이다.

愚者自稱愚 常知善黠慧 愚人自稱智 是謂愚中甚
우자자칭우　상지선힐혜　우인자칭지　시위우중심

The fool who knows his foolishness is wise at least to that extent;
but a fool who thinks himself wise is called a fool indeed.

어리석은 자가 평생을 현명한 사람 곁에서 살더라도
결코 진리를 깨닫지 못한다.
그것은 마치 숟가락이 국물 맛을 모르는 것과 같다.

愚人盡形壽　承事明知人　亦不知眞法　如杓斟酌食
우인진형수　승사명지인　역부지진법　여표짐작식

If a fool be associated with a wise man even all his life, he does not
perceive the truth even as a spoon (does not perceive) the taste of soup.

지혜로운 사람은 설령 아무리 짧은 순간이라도
현명한 사람 곁에 있으면 곧바로 진리를 깨닫게 된다.
그것은 마치 혀가 국물 맛을 느끼는 것과 같다.

智者須臾間　承事賢聖人　一一知眞法　如舌了衆味
지자수유간　승사현성인　일일지진법　여설료중미

But if a thoughtful man be associated with a wise man even for a
minute, he will soon perceive the truth even as the tongue (perceives)
the taste of soup.

어리석고 분별이 없는 사람은
자기 자신을 마치 원수를 대하듯이 한다.
왜냐하면 머지않아 자기 자신에게 닥칠
고통스러운 결과를 가져다 줄
악행을 저지르기 때문이다.

愚人施行 爲身招患 快心作惡 自致重殃
우인시행 위신초환 쾌심작악 자치중앙

Fools of little understanding being, enemies to themselves, wander about doing evil deeds which bear bitter fruits.

일을 저지르고 나서
눈물을 흘리고 후회하며 그 대가를 몸으로 치러야 한다면,
그런 행위는 결코 바람직하지 않다.

行爲不善 退見悔悋 致涕流面 報由熟習
행위불선 퇴견회린 치체류면 보유숙습

That deed is not well done, which, having been done, brings remorse, whose reward one receives weeping and with a tearful countenance.

어떤 행위를 한 뒤
후회 없이 기쁘고 즐거워하며 그 결과를 기다린다면,
그러한 행위는 정말로 바람직한 행동이다.

行爲德善 進觀歡喜 應來受福 喜笑悅習
행위덕선 진도환희 응래수복 희소열습

But that deed is well done, which, having been done, does not bring
remorse, whose reward one receives delighted and happy.

어리석은 자는
자신이 저지른 잘못으로 인한 결과가 나오기도 전에
자신의 행위를 달콤한 꿀처럼 여기지만,
그 잘못이 결과로 이어지면 비로소 고통을 당하게 된다.

過罪未熟 愚以恬淡 至其熟時 自受大罪
과죄미숙 우이염담 지기숙시 자수대죄

So long as an evil deed does not bear fruit, the fool thinks that it is
like honey; but when it bears fruit, then the fool suffers grief.

어리석은 사람은
형식만을 좇아 몇 달이고 금식고행을 한다.
그러나 그중 진리를 깨달은
사람의 16분의 1에도 못 미친다.

從月至於月 愚者用飮食 彼不信於佛 十六不獲一
종월지어월 우자용음식 피불신어불 십육불획일

Let a fool month after month eat his food with the tip (of a blade) of
kusa grass; nevertheless he is not worth the sixteenth part of those
who have well understood the law.

이미 저지른 악행은
새로 짠 우유가 당장에 굳지 않는 것처럼 굳어지지 않는다.
그 악행은 마치 재로 뒤덮인 불길처럼
연기가 피어오르듯 어리석은 자의 뒤를 좇는다.

惡不卽時 如穀牛乳 罪在陰伺 如灰覆火
악불즉시 여곡우유 죄재음사 여회복화

An evil deed, like newly drawn milk, does not turn (at once);
smouldering, like fire covered by ashes, it follows the fool.

72

어리석은 자에게 남을 해하려는 생각이 떠오르는 사이
그 생각은 어리석은 자의 행운조차 수포로 돌아가게 하고
그의 머리를 어지럽힌다.

愚生念慮 至終無利 自招刀杖 報有印章
우생녕려 지종무리 자초도장 보유인장

The knowledge that a fool acquires, far from being to his advantage,
destroys his bright share of merit and cleaves his head.

73

어리석은 자는 거짓된 존경을 얻기를 바라고,
수행자들 중에 윗자리를 바라고,
승단 안에서는 권력을 쥐기를 바라고,
남의 집에 가서도 대접받기를 바란다.

愚人貪利養 求望名譽稱 在家自興嫉 常求他供養
우인탐리양 구망명예칭 재가자흥질 상구타공양

Let the fool wish for false reputation, for precedence among the
mendicants, for lordship in convents, and worship among other
groups.

"일반인이나 출가한 사람 모두
내가 정말 이 일을 했다고 믿기를 바란다.
무엇을 하고 무엇을 하지 말아야 하는가 하는
이 모든 것에 대하여 그들은 내 명령을 따라주기 바란다."
어리석은 자들은 이렇게 생각하기 때문에
그들의 욕망과 거만함은 더욱 커질 뿐이다.

勿猗此養 爲家捨罪 此非至意
물 의 차양   위 가 사 죄   차 비 지 의

用用何益 愚爲愚計想 欲慢日用增
용 용 하 익   우 위 우 계 상   욕 만 일 용 증

'Let both the householders and the monks think that this is done by
me. Let them follow my pleasure in what should be done and what
should not be done.' Such is the wish of the fool and so his desire
and pride increase.

하나는 재물의 길,

또 하나는 정신적 자유에 이르는 길이라는 것,

부처의 제자인 수행자들은

이 이치를 깨달아 존경받기를 기뻐하지 않고

오로지 고독한 삶에 전념한다.

異哉夫利養　泥洹趣不同　能第是知者
이재부리양　이원취부동　능제시지자

比丘眞佛子　不樂着利養　閑居却亂意
비구진불자　불락착리양　한거각란의

One is the road that leads to gain; another is the road that leads to
nirvana. Let the mendicant, the disciple of the Buddha, having learnt
this, not seek the respect of men but strive after wisdom.

第6章
현철품(賢哲品)

현자(賢者)의 장

THE WISE MAN

현명한 이

무엇을 피할 것인지 지적해주고
잘못을 꾸짖어주는 지혜로운 사람,
만약 당신이 그런 사람을 만났다면
보물을 감춘 곳을 가르쳐주는 사람을 대하듯이 가까이하라.
이런 사람 가까이에 있는 것은
매우 좋은 일이지 결코 나쁜 일은 아니다.

深觀善惡 心知畏忌 畏而不犯 終吉無憂
심관선악 심지외기 외이불범 종길무우
故世有福 念思紹行 善致其願 福祿轉勝
고세유복 염사소행 선치기원 복록전승

If a person sees a wise man who reproaches him (for his faults), who
shows what is to be avoided, he should follow such a wise man as
he would a revealer of hidden treasures. It fares well and not ill with
one who follows such a man.

77

가르치고 꾸짖어라.
해서는 안 될 일을 멀리하라.
그러면 선한 사람에게는 환영을 받지만,
악한 사람에게는 미움을 살 것이다.

晝夜當精勤 牢持於禁戒 爲善友所敬 惡友所不念
주야당정근 뇌지어금계 위선우소경 악우소불념

Let him admonish, let him instruct, let him restrain from the impure.
He becomes beloved of the good and hated by the evil.

78

나쁜 벗과 사귀어서는 안 된다.
천박한 사람과 사귀어서는 안 된다.
선한 벗과 사귀고 고귀한 사람과 사귀어라.

常避無義 不親愚人 思從賢人 狎附上士
상피무의 불친우인 사종현인 압부상사

One should not associate with friends who are evil-doers nor with
persons who are despicable; associate with friends who are virtuous,
associate with the best of men.

79

진리의 물을 마신 사람은
맑게 정화된 마음으로 편히 잠들 수 있다.
이렇게 지혜로운 사람은
끊임없이 성인들의 가르침 속에서 기쁨을 찾는다.

喜法臥安 心悅意淸 聖人演法 慧常樂行
희법와안 심열의청 성인연법 혜상락행

He who drinks in the law lives happily with a serene mind. The wise
man ever rejoices in the law made known by the elect (or the Aryas).

80

물길을 만드는 사람은 물을 끌어들이고,
활을 만드는 사람은 화살을 만들고,
목수는 나무를 다듬는다.
지혜로운 사람들 또한 자기 자신을 가다듬는다.

弓工調角 水人調船 材匠調木 智者調身
궁공조각 수인조선 재장조목 지자조신

Engineers (who build canals and aqueducts) lead the water (wherever they
like), fletchers make the arrow straight, carpenters carve the wood;
wise people fashion (discipline) themselves.

큰 바위가 바람에 흔들리지 않는 것처럼
현명한 사람은 온갖 비난과 칭찬에도
결코 마음이 흔들리지 않는다.

譬如厚石 風不能移 智者意重 毀譽不傾
비여후석 풍불능이 지자의중 훼예불경

As a solid rock is not shaken by the wind, so wise men are not
moved amidst blame and praise.

깊은 호수가 맑고 고요해 탁해지지 않듯이
현명한 사람 또한 진리를 듣기 때문에
스스로의 마음을 맑게 정화시킨다.

譬如深淵 澄靜淸明 慧人聞道 心淨歡然
비여심연 징정청명 혜인문도 심정환연

Even as a deep lake is clear and calm so also wise men become
tranquil after they have listened to the laws.

선한 사람은 어딜 가나 욕심을 버린다.
그러므로 그는 성적 욕망을 갈망하며 말하지 않는다.
그는 때로는 기뻐하기도 하고 때로는 괴로워하기도 한다.
그러나 현명한 사람은 그런 것들 때문에
감정이 고조되지도 우울해지지도 않는다.

大人體無欲 在所昭然明 雖或遭苦樂 不高現其智
대인체무욕 재소소연명 수혹조고락 불고현기지

Good people walk on whatever happens to them. Good people do
not prattle, yearning for pleasures. The wise do not show variation
(elation or depression), whether touched by happiness or else by sorrow.

자신을 위해서나 남을 위해서 자식을 바라서는 안 된다.
재산도 토지도 바라서는 안 된다.
온갖 부정을 통해 자신의 번영을 꾀해서는 안 된다.
그래야 비로소
도덕적이고 지혜로운 정의로운 사람이라 할 수 있다.

大賢無世事 不願子財國 常守戒慧道 不貪邪富貴
대현무세사　불원자재국　상수계혜도　불탐사부귀

He who, for his own sake or for the sake of another, does not
wish for a son or wealth or a kingdom, if he does not wish for his
own prosperity by unfair means he certainly is virtuous, wise, and
religious.

수많은 사람 중에 극히 일부만이 정신적 자유의 피안에
도달할 뿐이고, 대부분의 사람은 평생 끝없는 번뇌의
이쪽 기슭에서 허무한 방황을 한다.

世皆沒淵 鮮克度岸 如或有人 欲度必奔
세개몰연　선극도안　여혹유인　욕도필분

Few amongst men are those who reach the farther shore: the other
people here run along (this) shore.

86

올바른 진리의 가르침을 듣고 그 진리를 따르는 사람만이
건너기 어려운 죽음의 영역을 초월하여 피안에 도달한다.

誠貪道者 攬受正教 此近彼岸 脱死爲上
성탐도자 남수정교 차근피안 탈사위상

But those who, when the law has been well preached to them, follow
the law, will pass to the other shore, [beyond] the dominion of death
which is difficult to overcome.

87

지혜로운 사람은
어둠의 삶을 버리고 맑은 선행의 수행을 행하라.
집을 떠나 마음의 즐거움을 위해
고독한 삶의 어려움을 통해 기쁨을 찾으라.

斷五陰法 靜思智慧 不反入淵 棄猗其明
단오음법 정사지혜 불반입연 기의기명

Let the wise man leave the way of darkness and follow the way of
light. After going from his home to a homeless state, that retirement
so hard to love.

그리하여
성적 욕망을 버리고 아무것도 소유하지 않은 몸이 되어
스스로의 정신을 맑게 하여 마음의 때를 씻어버려라.

抑制情欲 絶樂無爲 能自拯濟 使意爲慧
억제정욕 절락무위 능자증제 사의위혜

Let him there look for enjoyment. Putting away all pleasures, calling nothing his own, let the wise man cleanse himself from all the impurities of the heart.

완전한 지혜에 이르는 길을 따라 자신의 마음을 훈련하고
모든 집착을 털어버리는 것에서 마음의 기쁨을 얻는,
이러한 찬란한 정신적 자유인이야말로
이 세상의 평화를 얻는 사람이다.

學取正智 意惟正道 一心受諦
학취정지 의유정도 일심수체
不起爲樂 漏盡習除 是得度世
불기위락 누진습제 시득도세

Those whose minds are well grounded in the (seven) elements of enlightenment, who without clinging to anything rejoice in freedom from attachment, whose appetites have been conquered, who are full of light, attain nirvana in this world.

第 7 章
아라한품(阿羅漢品)

성인(聖人)의 장

THE ARHAT

새벽의 사람

90

이 세상에서의 삶을 마치고
모든 것으로부터 자유로워지면 근심 걱정은 사라진다.
그러므로 모든 속박을 끊은 사람에게 더 이상의 고뇌도 없다.

去離憂患 脫於一切 縛結已解 冷而無暖
거 리 우 환 탈 어 일 체 박 결 이 해 냉 이 무 난

There is no suffering for him who has completed his journey, who is
from sorrow, who has freed himself on all sides, who has shaken off
all fetters.

91

정신 수양에 전념하는 사람은
결코 집에 머무르며 번뇌하지 않는다.
마치 백조가 호수를 떠나듯이
그들은 스스로 집을 버리고 떠난다.

心淨得念 無所貪樂 已度痴淵 如雁棄池
심 정 득 념 무 소 탐 락 이 도 치 연 여 안 기 지

The thoughtful exert themselves; they do not delight in an abode;
like swans who have left their lake their house and home.

정신 수양에 전념하는 사람은
먹을 것이나 재산을 모을 필요도 없다
그의 삶의 경지는 잡을 수 없고 셀 수 없는 것이기에 자유롭다.
마치 저 하늘을 날아가는 새가 자취를 남기지 않는 것처럼.
이러한 사람의 삶은 그 발자취를 가늠하기 어렵다.

若人無所依 知彼所貴食 空及無相願 思惟以爲行
약인무소의 지피소귀속 공급무상원 사유이위행

鳥飛虛空 而無足跡 如彼行人 言設無趣
조비허공 이무족적 여피행인 언설무취

Those who have no accumulation (of property), who eat according
to knowledge, who have perceived (the nature of) release and
unconditioned freedom, their path is difficult to understand like that
(the flight) of birds through the sky.

맹목적 충동이 모두 사라져버리면
향락에 대한 미련도 사라진다.
그리하여 그의 삶의 경지는 잡을 수 없고
셀 수 없는 것이기에 자유롭다.
마치 저 하늘을 날아가는 새가 자취를 남기지 않는 것처럼
이러한 사람의 삶은 그 발자취를 가늠하기 어렵다.

如鳥飛虛空　而無有所礙　彼人獲無漏　空無相願定
여조비허공　이무유소애　피인획무루　공무상원정

He whose passions are destroyed, who is indifferent to food, who
has perceived (the nature of) release and unconditioned freedom, his
path is difficult to understand like that of birds through the sky.

모든 감각이 마치 잘 길들인 말처럼 정숙하여
흥분을 자제하고 맹목적인 충동이 사라진 사람은
모든 신들에게조차 부러움의 대상이다.

制根從正　如馬調御　捨㤭慢習　爲天所敬
제근종정　여마조어　사교만습　위천소경

Even the gods envy him whose senses are subdued like horses well
tamed by the charioteer, who is free from pride and free from taints.

대지와 같이 화를 내는 일이 없는 사람,
그 마음의 신중함을 지키는 것은 문지방과 비교할 수 있으며
더러워진 마음을 정화시키는 것은 호수와도 같다.
이러한 사람에게 고뇌의 윤회는 없다.

不怒如地 不動如山 眞人無垢 生死世絶
불노여지 부동여산 진인무구 생사세절

Such a man who is tolerant like the earth, like a threshold; who does
his duty, who is like a lake free from mud: to a man like that there is
no cycle of births and deaths.

만약 모든 것을 깨닫고 해탈하여 마음의 안식을 얻게 된다면
그 정신은 정숙해지고, 그 말과 행동도 정숙해진다.

心已休息 言行亦止 從正解脫 寂然歸滅
심이휴식 언행역지 종정해탈 적연귀멸

His thought is calm, calm is his word as well as his deed when he has
obtained freedom through true knowledge and has become tranquil.

경솔하게 믿지 않고 사라지지 않고 거짓되지 않은 것을 깨달아
모든 정신적 속박에서 벗어난 사람,
결과를 기다리는 행위에서 벗어나 모든 욕망을 버린 사람,
이런 사람이야말로 최고의 자리에 오른 사람이다.

棄欲無着 缺三界障 望意已絶 是謂上人
기욕무착 결삼계장 망의이절 시위상인

The man who is free from credulity, who knows the uncreated,
who has severed all ties, who has put an end to all occasions (for the
performance of good or bad actions), who has renounced all desires, he,
indeed, is exalted among men.

마을이나 숲속에 있더라도, 바다나 땅에 있다 하더라도
성자가 머무는 곳은 어디든 즐거운 낙원이다.

在聚在野 平野高岸 應眞所過 莫不蒙祐
재취재야 평야고안 응진소과 막불몽우

That place is delightful where saints dwell, whether in the village or
in the forest, in deep water or on dry land.

숲속에서의 삶은 즐거운 것이다.
그러나 사람들은 숲속의 생활을 즐거워하지 않는다.
오로지 욕망을 버린 사람만이 숲에서 즐길 수 있다.
왜냐하면 그들은 성적 욕망을 추구하지 않기 때문이다.

彼樂空閑 衆人不能 快哉無望 無所欲求
피락공한 중인불능 쾌재무망 무소욕구

Forests are delightful (to saints); where (ordinary) people find no delight
there the passionless will find delight, for they do not seek for the
pleasures of sense.

第 8 章
술천품(述千品)

천(千) 가지 장

THE THOUSANDS

천 가지의 장

100

설령 천 마디 말을 암송하더라도
그것이 전혀 의미가 없는 말이라면,
들어서 마음의 평화를 얻을 수 있는
의미심장한 한마디 말이 훨씬 낫다.

雖誦千言 句義不正 不如一要 聞可滅意
수송천언 구의부정 불여일요 문가멸의

Better than a thousand utterances composed of meaningless words
is one sensible word on hearing which one becomes peaceful.

101

설령 천 개의 시를 암송하더라도
그것이 전혀 의미가 없는 문구라면,
들어서 마음의 평화를 얻을 수 있는
한 구절의 시가 훨씬 낫다.

雖誦千章 不義何益 不如一義 聞行可度
수송천장 불의하익 불여일의 문행가도

Better than a thousand verses composed of meaningless words is
one word of a verse on hearing which one becomes peaceful.

설령 백 편의 경전을 암송하더라도
그것이 전혀 의미가 없는 구절이라면
들어서 마음의 평화를 얻을 수 있는
단 하나의 진정한 시구가 훨씬 낫다.

雖多誦經 不解何益 解一法句 行可得道
수다송경 불해하익 해일법구 행가득도

Better than reciting a hundred verses composed of meaningless
words is one text on hearing which one becomes peaceful.

전쟁터에서 천 번 천 명의 적과 싸워 이기는 것보다
자기 자신에게 이기는 사람이야말로
용감한 승리자이다.

千千爲敵 一夫勝之 未若自勝 爲戰中上
천천위적 일부승지 미약자승 위전중상

If a man were to conquer in battle a thousand times a thousand
men, and another conquer one, himself, he indeed is the greatest of
conquerors.

104

자기 자신을 이기는 것은
모든 사람을 이기는 것보다 위대하다.

自勝最賢　故曰人王　護意調身　自損至終
자승최현　고왈인왕　호의조신　자손지종

Conquest of self is indeed better than the conquest of other persons; of one who has disciplined himself, who always practises self–control.

105

음악의 신 간다르바도 모든 중생의 아버지 브라마도,
그 밖의 모든 신도
이렇게 항상 스스로를 제어하는 사람에게는 이길 수 없다.

雖曰尊天　神魔梵釋　皆莫能勝　自勝之人
수왈존천　신마범석　개막능승　자승지인

Not even a god nor a gandharva nor Mara along with Brahma could turn into defeat the victory of such a one (who has conquered himself).

백 년 동안 다달이 천 번 제물을 바쳤다고 하자.
그리고 단 한 명의 수행자를 잠시 공양했다고 하자.
이 공양은 백 년의 제사보다 훨씬 위대한 일이다.

月千反祠 終身不輟 不如須臾 一心念法 一念造福 勝彼終身
월천반사 종신불철 불여수유 일심념법 일념조복 승피종신

If a man month after month for a hundred years should sacrifice
with a thousand (sacrifices), and if he but for one moment pay
homage to a man whose self is grounded in knowledge, better is
that homage than what is sacrificed for a hundred years.

숲속에서 백 년 동안 불의 제사를 지냈다고 하자.
그리고 자신의 마음을 제어한 사람을
찰나의 순간이라도 공양했다고 하자.
이 공양은 백 년 동안 불의 제사를 지내는 것보다
위대한 일이다.

雖終百歲 奉事火祠 不如須臾 供養三尊 一供養福 勝彼百年
수종백세 봉사화사 불여수유 공양삼존 일공양복 승피백년

If a man for a hundred years tend the (sacrificial) fire in the forest,
and if he but for one moment pay homage to a man, whose self is
grounded in knowledge, better is that homage than what is sacrificed
for a hundred years.

108

제물을 바치는 것, 복을 제사 지내는 것,
이 지상에서 행복하기를 바라며
일 년 내내 이러한 일을 하는 것은
모든 옳은 행위를 하는 사람을 공경하는 일에 비해
4분의 1의 가치도 없다.

祭神以求福 從後望其報 四分未望一 不如禮賢者
제신이구복 종후망기보 사분미망일 불여예현자

Whatever a man sacrifice in this world as an offering or oblation for
a year in order to gain merit–the whole of it is not worth a quarter (of
the better offering). Homage paid to the righteous is better.

109

예의를 게을리 하지 않고 윗사람을 공경하는 사람에게는
네 가지 복이 더욱 커진다.
그 네 가지란 바로 생명과 용모와 행복과 힘이다.

能善行禮節 常敬長老者 四福自然增 色力壽而安
능선행례절 상경장노자 사복자연증 색력수이안

To him who constantly practises reverence and respects the aged,
four things will increase, life (length of days), beauty, happiness,
strength.

설령 백 년을 산다고 하더라도
도덕을 지키지 않고 정신이 어지러운 삶보다는
도덕을 굳게 지키고 덕행을 쌓은 사람의
단 하루의 삶이 훨씬 낫다.

若人壽百歲　遠正不持戒　不如生一日　守戒正意禪
약인수백세　원정부지계　불여생일일　수계정의선

But he who lives a hundred years, wicked and unrestrained, a life of
one day is better if a man is virtuous and reflecting.

설령 백 년을 산다고 하더라도
지혜가 부족하고 정신이 어지러운 삶보다는
이치를 깨닫고 덕행을 쌓은 사람의
단 하루의 삶이 훨씬 낫다.

若人壽百歲　邪僞無有智　不如生一日　一心學正智
약인수백세　사위무유지　불여생일일　일심학정지

And he who lives a hundred years, ignorant and unrestrained, a life
of one day is better for one who is wise and reflecting.

설령 백 년을 산다고 하더라도
게으름을 피우고 노력을 하지 않는 삶보다는
부지런히 노력하는 사람의
단 하루의 삶이 훨씬 낫다.

若人壽百歲 懈怠不精進 不如生一日 勉力行精進
약인수백세 해태부정진 불여생일일 면력행정진

And he who lives a hundred years, idle and weak, a life of one day is
better if a man strenuously makes an effort.

설령 백 년을 산다고 하더라도
생의 시작과 끝을 이해하지 못하는 삶보다는
생의 시작과 끝을 이해한 사람의
단 하루의 삶이 훨씬 낫다.

若人壽百歲 不知成敗事 不如生一日 見微知所忌
약인수백세 부지성패사 불여생일일 견미지소기

And he who lives a hundred years, not perceiving beginning and
end (birth and death), a life of one day is better if a man perceives
beginning and end.

설령 백 년을 산다고 하더라도
영원한 삶의 길을 깨닫지 못한 삶보다는
영원한 삶이 길을 깨달은 사람의
단 하루의 삶이 훨씬 낫다.

若人壽百歲 不見甘露道 不如生一日 服行甘露味
약인수백세 불견감로도 불여생일일 복행감로미

And he who lives a hundred years not perceiving the deathless state,
a life of one day is better if a man perceives the deathless state.

설령 백 년을 산다고 하더라도
무상의 진리를 깨닫지 못한 삶보다는
무상의 진리를 깨달은 사람의
단 하루의 삶이 훨씬 낫다.

若人壽百歲 不知大道義 不如生一日 學推佛法要
약인수백세 부지대도의 불여생일일 학추불법요

And he who lives a hundred years not perceiving the highest law, a
life of one day is better if a man perceives the highest law.

第9章
악행품(惡行品)

악행(惡行)의 장

EVIL CONDUCT

악행

116

선한 일은 서둘러 행하고
악한 일로부터는 마음을 굳게 지켜야 한다.
그런데 선한 일을 함에 있어 주저하는 사람의 정신은
이미 악한 행위로 마음이 기울어져 있는 것이다.

見善不從 反隨惡心 求福不正 反樂邪음
견선부종 반수악심 구복부정 반락사음

A man should hasten towards the good; he should restrain his
thoughts from evil. If a man is slack in doing what is good, his mind
(comes to) rejoice in evil.

117

만약 누군가 악한 일을 저질렀다면
두 번 다시 그것을 되풀이해서는 안 된다.
또한 결코 그 악행으로 즐거움을 느껴서는 안 된다.
왜냐하면 그 악행은 결국 괴로움을 쌓는 것이기 때문이다.

人雖爲惡行 亦不數數作 於彼意不樂 知惡之爲苦
인수위악행 역불수수작 어피의불락 지악지위고

If a man commits sin, let him not do it again and again. Let him not
set his heart on it. Sorrowful is the accumulation of evil conduct.

만약 누군가 선한 일을 했다면
또다시 그 선행을 되풀이해야 한다.
그리고 선행에 대한 즐거움을 느껴라.
왜냐하면 선행은 즐거움을 쌓는 것이기 때문이다.

人能作其福 亦當數數造 於彼意須樂 善受其福報
인능작기복 역당수수조 어피의수락 선수기복보

If a man does what is good, let him do it again and again. Let him set his heart on it. Happiness is the outcome of good conduct.

악인도 자신의 악행이 아직 미숙한 단계에서는
행복을 찾을 수 있다.
그러나 그 악행이 절정에 달하게 되면
결국 재난을 당하게 된다.

妖孽見福 其惡未熟 至其惡熟 自受罪虐
요얼견복 기악미숙 지기악숙 자수죄학

Even an evil-doer sees happiness so long as his evil deed does not ripen; but when the evil deed has ripened, then does the evil-doer see evil.

120

착한 사람도 자신의 선행이 아직 미숙한 단계에서는
오히려 화를 당하기도 한다.
그러나 그 선행이 절정에 달하면
결국 행복을 찾게 된다.

禎祥見禍　其善未熟　至其善熟　必受其福
정상견화　기선미숙　지기선숙　필수기복

Even a good man sees evil as long as his good deed does not ripen;
but when his good deed ripens, then the good man sees the good (in
store for him).

121

"나는 어떤 일이 있더라도 악의 대가를 치르지 않을 것이다."
이렇게 생각하고 악을 가볍게 여겨서는 안 된다.
한 방울, 또 한 방울의 물이 떨어져 물병을 채우듯이
어리석음은 조금씩 악행을 반복하여
결국 악으로 채워지게 된다.

莫輕小惡　以爲無殃　水滴雖微　漸盈大器　凡罪充滿　從小積成
막경소악　이위무앙　수적수미　점영대기　범죄충만　종소적성

Think not lightly of evil (saying) that 'it will not come near me.' Even
a water-pot is filled by the falling of drops of water. A fool becomes
full of evil even if he gathers it little by little.

"내게는 선행의 대가가 없을 것이다."
이런 마음을 품고 선을 가볍게 여겨서는 안 된다.
한 방울, 또 한 방울의 물이 떨어져 물병을 채우듯이
현명한 사람은 조금씩 선행을 반복하여
결국 선으로 채워지게 된다.

莫輕小善 以爲無福 水滴雖微 漸盈大器 凡福充滿 從纖纖積
막경소선 이위무복 수적수미 점영대기 범복충만 종섬섬적

Think not lightly of good (saying) that 'it will not come near me.'
Even a water-pot is filled by the falling of drops of water. A wise
man becomes full of goodness even if he gathers it little by little.

동행이 없이 많은 재물을 가지고 있는 상인이
위험한 길을 피하듯이,
생명을 소중히 여기는 사람이 독을 피하려 하듯이,
악을 멀리해라.

伴少而貨多 商人怵惕懼 嗜欲賊害命 故慧不貪欲
반소이화다 상인출척구 기욕적해명 고혜불탐욕

As a merchant ill-attended and having much wealth shuns a
dangerous road, as a man who loves his life avoids poison, so should
(a wise man) avoid evil actions.

만약 손에 상처가 없다면 손으로 독을 만질 수 있다.
독이란 것은 상처가 없는 사람에게는 해를 입히지 못한다.
그와 마찬가지로 악이란 것도
악을 저지르지 않는 사람에게는 존재하지 않는다.

有身無瘡尤　不爲毒所害　毒奈無瘡何　無惡所造作
유신무창우　불위독소해　독나무창하　무악소조작

If there be no wound on a person's hand he might touch poison
with his hand. Poison does not harm one who has no wound. No
evil (befalls) him does no evil.

남에게 해를 입히려는 마음이 없는 사람,
깨끗하고 집착이 없는 사람의 뜻을 거스른다면
돌풍에 던져진 먼지처럼
나쁜 일은 어리석은 자에게 돌아간다.

加惡誣罔人　清白猶不汚　愚殃反自及　如塵逆風坌
가악무망인　청백유불오　우앙반자급　여진역풍분

Whoever does wrong to an innocent person or to one who is pure
and sinless, evil recoils on that fool even as fine dust thrown against
the wind (recoils on the person throwing it).

일부는 어머니 뱃속으로 다시 돌아가고,
악행을 저지른 이는 지옥에 떨어지고,
착한 일을 한 사람은 천당에서 태어나고,
맹목적 욕망에서 해탈한 사람은 정신적 자유에 이른다.

有識墮胞胎 惡者入地獄 行善上昇天 無爲得泥洹
유식타포태 악자입지옥 행선상승천 무위득니원

Some enter the womb; evil-doers go to hell; the good go to heaven;
those free from worldly desires attain nirvana.

하늘 위로, 바다 한가운데로,
산속 동굴 속으로 도망간다 할지라도
악행에서 벗어날 수 있는 곳은
이 세상 어디에도 없다.

非空非海中 非隱山石間 莫能於此處 避免宿惡殃
비공비해중 비은산석간 막능어차처 피면숙악앙

Neither in the sky nor in the midst of the sea nor by entering into
the clefts of mountains is there known a place on earth where
stationing himself, a man can escape from (the consequences of) his evil
deed.

하늘 위로, 바다 한가운데로,
산속 동굴 속으로 도망간다 할지라도
죽음의 지배를 받지 않는 곳은
이 세상 어디에도 없다.

非空非海中 非入山石間 無有他方所 脫之不受死
비공비해중 비입산석간 무유타방소 탈지불수사

Neither in the sky nor in the midst of the sea nor by entering into
the clefts of mountains is there known a place on earth where
stationing himself, death cannot overcome (him).

第10章
도장품(刀杖品)

징벌(懲罰)의 장

PUNISHMENT

폭력

129

누구라도 폭력을 두려워하고 죽음을 두려워한다.
그러므로 타인을 내 몸처럼 여겨 절대로 죽여서는 안 된다.
결코 상처를 입혀서는 안 된다.

一切皆懼死 莫不畏杖痛 恕己可爲譬 勿殺勿行杖
일체개구사 막불외장통 서기가위비 물살물행장

All men tremble at punishment, all men fear death. Likening others
to oneself, one should neither slay nor cause to slay.

130

누구라도 폭력을 두려워하고
삶이란 모든 이가 바라는 것이다.
그러므로 타인을 내 몸처럼 여겨 절대로 죽여서는 안 된다.
결코 상처를 입혀서는 안 된다.

遍於諸方求 念心中間察 頗有斯等類
편어제방구 념심중간찰 파유사등류
不愛己愛彼 以己喩彼命 是故不害人
불애기애피 이기유피명 시고불해인

All men tremble at punishment, all men love life. Likening others to
oneself, one should neither slay nor cause to slay.

131

행복을 바라는 사람들을 곤봉으로 상처 입히는 사람은
아무리 행복을 바라더라도
다음 생에서는 행복을 얻을 수 없다.

善樂於愛欲 以杖加群生 於中自求安 後世不得樂
선락어애욕 이장가군생 어중자구안 후세부득락

He who seeking his own happiness inflicts pain (strikes with a stick) on
beings who (like himself) are desirous of happiness does not obtain
happiness after death.

132

행복을 바라는 사람들을 곤봉으로 상처 입히지 못하는 사람은
자신의 행복을 추구하며
다음 생에 그 행복을 얻을 수 있을 것이다.

人欲得歡樂 杖不加群生 於中自求樂 後世亦得樂
인욕득환락 장불가군생 어중자구락 후세역득락

He who seeking his own happiness does not inflict pain (strike with
a stick) on beings who (like himself) are desirous of happiness obtains
happiness after death.

그 누구도 거친 말을 써서는 안 된다.
그 말을 들은 사람은
틀림없이 당신에게 거친 말로 답변할 것이다.
분노에 찬 말은 고통이다.
그 말에 대가는 그대에게 곤봉으로 되돌아올 것이다.

不當麤言 言當畏報 惡往禍來 刀杖歸軀
부당추언 언당외보 악왕화래 도장귀구

Do not speak anything harsh. Those who are spoken to will answer
you (in the same way). Since angry talk is painful, retaliation will touch
you.

마치 부서진 종처럼 아무 말도 하지 않는다면
그대는 이미 정신적 자유에 도달한 것이다.
그대는 분노라는 것을 모르기 때문이다.

出言以善 如叩鐘聲 身無論議 度世則易
출언이선 여고종경 신무론의 도세즉이

If you make yourself as still as a broken gong you have attained
nirvana, for agitation is not known to you.

목동이 막대기를 들고 소들을 우리로 모는 것과 마찬가지로
노쇠와 죽음은 멈추지 않고 우리의 생명을 몰아간다.

譬人操杖 行牧食牛 老死猶然 亦養命去
비인조장 행목식우 노사유연 역양명거

Just as a cowherd with his staff drives the cows into the pasture-ground, so old age and death drive the life of sentient beings (into a new existence).

어리석은 자는 악행을 저지르고도 깨닫지 못한다.
어리석은 사람은 마치 불길에 몸이 그을리듯이
자신의 행위로 인해 괴로워한다.

愚憃作惡 不能自解 殃追自焚 罪成熾然
우창작악 불능자해 앙추자분 죄성치연

But a fool committing evil deeds does not know (what is in store for him). The stupid man burns indeed through his own deeds, like one burnt by fire.

곤봉을 들지 않은 사람,
남에게 해를 입힐 생각이 없는 사람에게
곤봉을 가지고 위해를 가하는 사람은
당장에 다음 열 가지 상황을 맞게 될 것이다.

歐杖良善　妄讒無罪　其殃十倍　災迅無赦
구장량선　망참무죄　기앙십배　재신무사

He who inflicts punishment on those who do not deserve
punishment and offends against those who are without offence
soon comes to one of these ten states.

극심한 고통, 바싹 마른 노쇠, 육체적 중병,
그리고 정신적 혼란.

生受酷痛　形體毀折　自然惱病　失意恍惚
생수혹통　형체훼절　자연뇌병　실의황홀

He may have cruel suffering, infirmity, injury of the body, heavy
afflictions (dread diseases), or loss of mind.

권력자로부터의 보복, 가혹한 재판 선고,
일가친척의 멸망, 재산의 손실.

人所誣咎 或縣官厄 財産耗盡 親戚別離
인소무구　혹현관액　재산모진　친척별리

or a misfortune proceeding from the king or a fearful accusation,
loss of relations, or destruction of treasures.

집이 불에 타버리는 것
어리석은 육신이 찢겨져 지옥에 떨어지는 것.

舍宅所有 災火焚燒 死入地獄 如是爲十
사택소유　재화분소　사입지옥　여시위십

or lightning fire burns his house and when his body is dissolved the
fool goes to hell.

벌거벗고 머리를 묶었다 해서,
더러운 생활 속에서 단식을 한다고 해서,
거리에 눕고 온몸에 먼지와 재를 뒤집어썼다고 해서,
그리고 꼼짝하지 않고 웅크려 앉아 있다고 해서
맹목적인 욕망에서 벗어나지 못한 사람을
깨끗이 정화시킬 수는 없다.

雖裸剪髮 被服草衣 沐浴踞石 奈痴結何
수라전발 피복초의 목욕거석 나치결하

Not nakedness, not matted hair, not dirt (literally mud), not fasting, not lying on the ground, not rubbing with ashes (literally dust), not sitting motionless purify a mortal who is not free from doubt.

설령 좋은 옷을 걸치고 있다고 하더라도
행동이 맑고 평등한 마음으로 생활하며
정숙하고 조심하며 정진하여 올바른 행동을 한다면,
또한 살아 있는 것에 대하여 무기를 이용하지 않는다면
그야말로 성직자이고 수도자이다.

自嚴以修法 減損受淨行 杖不加群生 是沙門道人
자엄이수법 감손수정행 장불가군생 시사문도인

He who though adorned (dressed in fine clothes) fosters the serene
mind, is calm, controlled, is established (in the Buddhist way of life),
is chaste, and has ceased to injure all other beings, he indeed is a
Brahmin, an ascetic (samana), a friar (a bhikkhu).

겸손할 줄 알아 남의 말에 개의치 않는 사람,
마치 좋은 말에게 채찍질을 하지 않듯
이 세상에 감히 누가 그를 비난하랴.

世黨有人 能知慙愧 是名誘進 如策良馬
세당유인 능지참괴 시명유진 여책량마

Is there in the world any man so restrained by modesty that he
avoids censure as a well–trained horse avoids the whip?

144

채찍질을 당한 좋은 말처럼
너희도 열심히 노력하고 힘써야 한다.
스스로 굳게 믿고 도덕을 지키며 노력하고 정진하여
모든 정의를 판단함으로써
너희는 지혜와 덕행 두 가지를 갖추고 바른 생각을 함으로써
큰 고통을 이겨낼 수 있다.

如策良馬 進退能遠 人有信戒 定意精進 受道慧成 便滅衆苦
여책양마 진퇴능원 인유신계 정의정진 수도혜성 편멸중고

Like a well-trained horse when touched by a whip, be strenuous
and swift and you will, by faith, by virtue, by energy, meditation, by
discernment of the law, put aside this great sorrow (of earthly existence),
endowed with knowledge and (good) behaviour and mindfulness.

145

활 만드는 장인은 화살을 조절하고,
물길을 내는 사람은 물을 끌어들이고, 목수는 나무를 다듬는다.
현명한 사람들 또한 자신을 다듬는다.

弓工調絃 水人調船 材匠調木 智者調身
궁공조현 수인조선 재장조목 지자조신

Engineers (who build canals and aqueducts) lead the water (where they like);
fletchers make the arrow the straight; carpenters carve the wood;
good people fashion (discipline) themselves.

第 11章
노모품(老耗品)

늙음의 장

OLD AGE 11

늙어감

대체 누가 웃을 수 있겠는가. 어디에 기쁨이 있겠는가.
이 세상 모든 것은 항상 불에 타고 있다.
너희는 어둠에 갇혀 있으면서 왜 등불을 찾으려 하지 않는가.

何喜何笑　世常熾然　深蔽幽冥　不如求錠
하희하소　세상치연　심폐유명　불여구정

Why is there laughter, why is there joy while this world is always burning? Why do you not seek a light, you who are shrouded in darkness(ignorance)?

아름다운 색채로 꾸며진 몸뚱이를 보라.
육신은 온갖 상처들이 합성된 것이라
모든 병과 끝없는 번뇌에 사로잡혀 있다.
그러므로 육신은 흔들리지 않는
단단함과 안정성이 결여되어 있다.

見身形範　倚以爲安　多想致病　豈知非眞
견신형범　의이위안　다상치병　기지비진

Behold this painted image, a body full of wounds, put together, diseased, and full of many thoughts in which there is neither permanence nor stability.

육신은 시간이 흐르면 썩게 마련이다.
육신은 온갖 병의 온상이며 언제 깨져버릴지 모르는 것이다.
부패한 이 육신은 깨지기 쉬우며
생명이 있는 것이 귀착하는 것은 반드시 죽음이다.

老則色衰 所病自壞 形敗腐오 命終自然
노즉색쇠 소병자괴 형패부오 명종자연

This body is worn out, a nest of diseases and very frail. This heap of
corruption breaks to pieces, life indeed ends in death.

가을 추수 때 버려진 표주박처럼
잿빛으로 변한 이 뼈들을 보고 무엇을 기뻐하겠는가.

自死神徒 如御棄車 肉消骨散 身何可호
자사신사 여어기거 육소골산 신하가호

What delight is there for him who sees these white bones like gourds
cast away in the autumn?

육신이란 뼈로 만들어진 성곽과 같은 것으로
살과 피로 채워져 있으며 그 속에는 노쇠와 죽음,
그리고 흥분과 거짓만이 도사리고 있다.

身爲如城 骨幹肉塗 生至老死 但藏恚慢
신위여성　골간육도　생지노사　단장에만

Of the bones a citadel is made, plastered over with flesh and blood,
and in it dwell old age and death, pride and deceit.

화려하게 장식된 왕의 마차도 언젠가 부서진다.
우리의 육신 또한 마찬가지로 늙기 마련이다.
그러나 현자의 진리는 결코 사라지지 않는다.
현자는 그 진리를 다음 현자에게 전하기 마련이다.

老則形變 喻如故車 法能除苦 宜以力學
노즉형변　유여고거　법능제고　의이력학

The splendid chariots of kings wear away; the body also comes to
old age but the virtue of the good never ages, thus the good teach to
each other.

배움이 적은 사람은 마치 황소처럼 성장할 뿐이다.
그의 육신은 나날이 살쪄가지만
그의 지혜는 결코 향상되지 않는다.

人之無聞 老若特牛 但長肌肥 無有智慧
인지무문 노약특우 단장기비 무유지혜

A man who has learnt but little grows old like an ox; his flesh
increases but his knowledge does not grow.

우리는 삶의 끊임없는 연결 사슬을 통해 끝없이
'번뇌하는 자기'라고 하는 집을 만든 이를 찾아
얼마나 방황하고 있단 말인가.
다음 생에서도, 또 다음 생에서도 괴롭고 깊은 고민거리다.

生死有無量 往來無端緒 求於屋舍者 數數受胞胎
생사유무량 왕래무단서 구어옥사자 수수수포태

I have run through a course of many births looking for the maker
of this dwelling and finding him not; painful is birth again and again.

154

집을 지은 이여, 이제야 그대를 알게 되었다.
이제 다시는 네가
'번뇌하는 자기'라는 집을 짓게 하지 않을 것이다.
나는 너의 모든 서까래를 부숴버렸다.
모든 기둥을 쓰러뜨렸다.
정신적 자유에 도달한 마음은 모든 욕망을 끊게 하였다.

以觀此屋 更不造舍 梁棧已壞 臺閣崔折 心已離行 中間已滅
이관차옥 경불조사 양잔이괴 대각최절 심이리행 중간이멸

Now are you seen, O builder of the house, you will not build the house again. All your rafters are broken, your ridge-pole is destroyed, the mind, set on the attainment of nirvana, has attained the extinction of desires.

젊어서 수행을 하지 않고 정신의 재산을 모으지 않은 사람은
마치 물고기가 살지 않는 연못가의 늙은 백로처럼
쓸쓸하게 죽을 것이다.

不修梵行 又不富財 老如白鷺 守伺空池
불수범행 우불부재 노리백로 수사공지

Men who have not practised celibacy (proper discipline), who have not
acquired wealth in youth, pine away like old cranes in a lake without
fish.

젊어서 수행하지 않고 정신의 재산을 모으지 않은 사람은
낡아 부러진 활처럼 지난날을 한탄하며
힘없이 쓰러져 있을 것이다.

旣不守戒 又不積財 老羸氣竭 思故何逮
기불수계 우불적재 노리기갈 사고하체

Men who have not practised celibacy, who have not acquired wealth
in youth, lie like worn out bows, sighing after the past.

第 12 章
기신품(己身品)

자신(自身)의 장

THE SELF

자기 자신

자기 자신을 사랑한다면 자신을 신중하게 지켜야 한다.
그러므로 현명한 사람은 밤의 세 때 중에
한 번은 깨어 있어야 한다.

自愛身者 愼護所守 希望欲解 學正不寢
자애신자 신호소수 희망욕해 학정불침

If a man holds himself dear, let him diligently watch himself. The
wise man should be watchful during one of the three watches.

먼저 자기 자신을 바른 위치에 이르게 한 뒤
남을 가르치고 인도하라.
그러면 현명한 사람에게는 아무런 어려움이 없을 것이다.

學當先求解 觀察別是非 受諦應誨彼 慧然不復惑
학당선구해 관찰별시비 수체응회피 혜연불부혹

Let each man first establish himself in what is proper, then let him
teach others. (If he do this) the wise man will not suffer.

남을 가르치듯이 자기 자신이 그렇게 행동할 수 있다면
이미 신중한 사람이기 때문에 비로소 남을 제어할 수 있다.
왜냐하면 진정으로 자기 자신을 제어하는 것은
가장 어려운 일이기 때문이다.

當之尅修 隨其敎訓 己不被訓 焉能訓彼
당지극수 수기교훈 기부피훈 언능훈피

If a man so shapes his life as he directs others, then, subduing
himself well, he might indeed subdue (others), since the self is indeed
difficult to subdue.

자신이야말로 진정한 자기 자신의 주인이다.
과연 자신 이외에 누가 주인이 될 수 있을까.
잘 제어된 자신에서 비로소 진정한 주인을 찾을 수 있다.

自己心爲師 不隨他爲師 自己爲師者 獲眞智人法
자기 심위사 불수타위사 자기위사자 획진지인법

The self is the lord of self; who else could be the lord? With self
well subdued a man finds a lord who is difficult to obtain.

161

자신이 저지른 악행은
자신에게서 나와 자신에 의해 성숙된 것으로
어리석은 자에게 해를 입힌다.
마치 금강석이 보석에 상처를 내듯이.

本我所造 後我自受 爲惡自更 如剛鑽珠
본아소조　후아자수　위악자갱　여강찬주

The evil done by oneself, born of oneself, produced by oneself,
crushes the fool even as a diamond breaks a precious stone.

162

부도덕한 행위를 일삼는 사람은
칡덩굴이 나무를 칭칭 감아 결국 자신도 말라 죽듯이,
자신의 적이 원하는 것을 자신에게 행하는 것이다.

人不持戒 滋蔓如藤 逞情極欲 惡行日增
인불지계　자만여등　영정극욕　악행일증

As a creeper overpowers the entwined sal tree, he whose impiety is
great reduces himself to the state which his enemy wishes for him.

악하고 자신에게 유해한 것일수록 저지르기 쉽다.
이와 반대로
자신에게 이익이 되면서도 선행인 일을 행하기는 매우 어렵다.

惡行危身 愚以爲易 善最安身 愚以爲難
악행위신 우이위이 선최안신 우이위난

Evil deeds, deeds which are harmful to oneself, are easy to do. What is beneficial and good, that is very difficult to do.

완전한 정신적 삶,
신성하고 진리에 따르는 삶을 사는 사람의 교훈을 비난하는
부정한 사상을 가진 어리석은 자는
마치 카타카 열매가 저절로 말라죽기 위해 열리는 것과 같다.

如眞人敎 以道活身 愚者嫉之 見而爲惡 行惡得惡 如種苦種
여진인교 이도활신 우자질지 견이위악 행악득악 여종고종

The foolish man who scorns the teaching of the saintly, the noble, and the virtuous and follows false doctrine, bears fruit to his own destruction even like the Khattaka reed.

165

자신이 저지른 악행은 스스로를 더럽힌다.
이와 반대로 선행을 하면 스스로 깨끗해진다.
이렇듯 깨끗함과 더러움은 스스로 숙성된다.
그러므로 누구도 타인을 깨끗하게 해줄 수가 없다.

惡自受罪 善自受福 亦各須熟 彼不相代
악자수죄　선자수복　역각수숙　피불상대

By oneself, indeed, is evil done; by oneself is one injured. By oneself
is evil left undone; by oneself is one purified. Purity and impurity
belong to oneself. No one purifies another.

166

아무리 남을 위해 많은 일을 했다고 하더라도
자신의 의무를 망각해서는 안 된다.
자신의 본분을 깨닫고 최선을 다해야 한다.

凡用必豫慮 勿以損所務 如是意日修 事務不失時
범용필예려　물이손소무　여시의일수　사무불실시

Let no one neglect his own task for the sake of another's, however
great; let him, after he has discerned his own task, devote himself to
his task.

第18章
세속편(世俗편)

세속(世俗)의 장

THE WORLD

이 세상

167

천박한 교리를 따라서는 안 된다.

게으른 무리와 함께해서는 안 된다.

그릇된 사상을 따라서는 안 된다.

세속적 욕심에 마음을 빼앗겨서는 안 된다.

不親卑漏法 不與放逸會 不種邪見根 不於世長惡
불친비루법 불여방일회 불종사견근 불어세장악

Do not follow evil law. Do not live in thoughtlessness. Do not follow false doctrine. Do not be a friend of the world.

168

떨치고 일어나라! 게으름을 피워서는 안 된다.

선행의 교리를 따라라.

진리의 법을 따라 사는 사람은 이승에서는 물론이고

다음 생에서도 마찬가지로 행복하게 편히 쉴 것이다.

隨時不興慢 快習於善法 善法善安寐 今世亦後世
수시불흥만 쾌습어선법 선법선안매 금세역후세

Get up (rouse yourself), do not be thoughtless. Follow the law of virtue. He who practises virtue lives happily in this world as well as in the world beyond.

169

선행의 정도를 따르고 악행의 사도를 따르지 말라.
이렇듯 진리의 법을 따라 사는 사람은 이승에서는 물론이고
다음 생에서도 마찬가지로 편히 쉴 것이다.

樂法樂學行 愼莫行惡法 能善行法者 今世後世樂
낙법락학행 신막행악법 능선행법자 금세후세락

Follow the law of virtue, do not follow the law of sin. He who
practises virtue lives happily in this world as well as in the world
beyond.

170

이 세상을 물거품처럼 여겨라. 또한 아지랑이처럼 여겨라.
이렇게 세상을 바라보는 사람은
죽음의 왕의 속박에서 벗어날 수 있다.

當觀水上泡 亦觀幻野馬 如是不觀世 亦不見死王
당관수상포 역관환야마 여시불관세 역불견사왕

Look upon the world as a bubble: look upon it as a mirage. Him
who looks thus upon the world the king of death does not see.

보라! 왕의 수레처럼 아름답게 꾸며진 세상의 모습을.
어리석은 자들은 그로 인해 방황하지만
현명한 사람은 그것에 마음을 빼앗기는 일이 없다.

如是當觀身　如王雜色車　愚者所染著　智者遠離之
여시당관신　여왕잡색거　우자소염저　지자원리지

Come, look at this world resembling a painted royal chariot. The
foolish are sunk in it; for the wise there is no attachment for it.

이전에 게을렀던 사람도 지금 노력하고 정진한다면
마치 구름을 벗어난 달처럼 이 세상을 환히 비출 것이다.

人前爲過　後止不犯　是照時間　如月雲消
인전위과　후지불범　시조시간　여월운소

He who formerly was thoughtless and afterwards became reflective
(sober) lights up this word like the moon when freed from a cloud.

그 사람의 악행이 훗날의 선행으로 덮어버린다면
마치 구름을 벗어난 달처럼 이 세상을 환히 비출 것이다.

人前爲過 以善滅之 是照世間 如月雲消
인전위과 이선멸지 시조세간 여월운소

He whose evil conduct is covered by good conduct lights up this
world like the moon when freed from a cloud.

이 세상 사람들은 지혜가 부족하기 때문에
암흑 속에 있는 것으로 지혜를 가진 사람은
극소수의 사람뿐이다.
그물에서 벗어난 새처럼
천상에서 태어나는 사람은 극히 일부이다.

痴覆天下 貪令不見 邪疑却道 若愚行是
치복천하 탐령불견 사의각도 약우행시

This world is blinded, few only can see here. Like birds escaped
from the net a few go to heaven.

175

기러기는 태양의 길을 따라가고,
초인적 힘을 가진 사람은 하늘을 난다.
현명한 사람은 이와 마찬가지로
악마의 유혹과 그 무리들을 물리치고 이 세상에서 벗어난다.

如雁將群 避羅高翔 明人導世 度脫邪衆
여안장군 피라고상 명인도세 도탈사중

The swans go on the path of the sun, they go through the sky by
means of their miraculous power. The wise are led out of this world,
having conquered Mara (the tempter) and his hosts.

176

유일하게 지켜야 하는 도리를 깨고
거짓을 말하고 다음 생의 존재를 믿지 않는 사람은
어떤 범죄라도 저지르고 만다.

一法脫過 謂妄語人 不免後世 靡惡不更
일법탈과 위망어인 불면후세 미악불경

He who violates the one law (the Buddha's doctrine), who speaks falsely,
scoffs at another world, there is no evil he will not do.

자비심이 없는 사람은 천상에 갈 수 없다.
어리석은 자는 베푸는 것을 좋아하지 않는다.
그러나 지혜로운 사람은 베푸는 것을 좋아한다.
때문에 그들은 저세상에서 행복을 누리게 된다.

愚不修天行 亦不譽布施 信施助善者 從是到彼安
우불수천행 역불예포시 신시조선자 종시도피안

Verily, the niggardly do not go to the world of the gods. Fools, indeed, do not praise giving. But the wise man, rejoicing in charity, becomes on that (account) happy in the other world.

땅에서 유일한 왕이 되기보다,
행복한 천상의 세상에 오르기보다,
또한 온 세상의 제왕이 되기보다
정신적 삶의 첫걸음을 떼는 것이 훨씬 위대하다.

夫求爵位財 尊貴升天福 辯慧世間悍 斯聞爲第一
부구작위재 존귀승천복 변혜세간한 사문위제일

Better than absolute sovereignty on earth, better than going to heaven, better than lordship over all the worlds is the reward of reaching the stream (the attainment of the first step in sanctification).

第14章
불타품(佛陀品)

불타(佛陀)의 장

THE BUDDHA
(THE AWAKENED)
깨달은 이

모든 것을 이긴 자는 다시는 아무에게도 지지 않는다.
그의 승리에는 그 누구도 범접하지 못한다.
이러한 끝없는 정신적 삶의 경지에서
발자취조차 남기지 않은 부처를
어떤 길로 유혹할 수 있겠는가.

已勝不受惡 一切勝世間 叡智廓無彊 開朦令八道
이승불수악 일체승세간 예지곽무강 개몽령팔도

He whose conquest is not conquered again, into whose conquest
no one in this world enters, by what track can you lead him, the
awakened, of infinite perception, the trackless?

그물처럼 뒤얽힌 욕망은 이제 그를 결코 흔들 수 없다.
끝없는 정신적 삶의 경지에서
발자취조차 남기지 않은 부처를 어떻게 흔들 수 있겠는가.

決網無罣礙 愛盡無所積 佛智深無極 未踐迹令踐
결망무가애 애진무소적 불지심무극 미천적령천

He whom no desire net-like or poisonous can lead astray, by what
track can you lead him, the awakened, of infinite perception, the
trackless?

사색과 명상에 잠긴 채 세속에서 멀리 벗어나
고요한 삶을 즐기는 현자,
신들조차 이렇게 깊은 사상의 완성을 부러워한다.

勇健立一心 出家日夜滅 根絶無欲意 學正念清明
용건립일심 출가일야멸 근절무욕의 학정념청명

Even the gods emulate those wise men who are given to meditation,
who delight in the peace of emancipation (from desire) the
enlightened, the thoughtful.

인간으로 태어나는 것은 매우 어려운 일이다.
죽어야 할 존재로서 이 세상에서의 생존 또한 어려운 일이다.
위대한 진리에 귀를 기울이는 것 또한 어려운 일이다.
부처가 이 세상에 나타나는 것 또한 어려운 일이다.

得生人道難　生壽亦難得　世間有佛難　佛法難得聞
득생인도난　생수역난득　세간유불난　불법난득문

Difficult is it to obtain birth as a human being; difficult is the life of mortals; difficult is the hearing of the true law, difficult is the rise of buddhahood (or enlightenment).

183

모든 악한 일을 하지 않고 가능한 선행을 가까이하고 행하여
스스로의 정신을 깨끗이 하는 것,
이것은 모든 부처의 가르침이다.

諸惡莫作　諸善奉行　自淨其意　是諸佛敎
제악막작　제선봉행　자정기의　시제불교

The eschewing of all evil, the perfecting of good deeds, the purifying of one's mind, this is the teaching of the Buddhas (the awakened).

"인내야말로 최고의 고행이며 참고 따르는 것은
더없는 정신적 자유에 도달하는 길이다."
모든 부처는 이렇게 말했다.
그러므로 출가자는 남을 해쳐서는 안 되며
수행자는 남을 괴롭혀서는 안 된다.

忍爲最自守 泥洹佛稱上 捨家不犯戒 息心無所害
인위최자수 이원불칭상 사가불범계 식심무소해

Patience which is long suffering is the highest austerity. The
awakened declare nirvana to be the highest (of things). He verily is not
an anchorite who oppresses (others); he is not an ascetic who causes
grief to another.

남을 헐뜯지 말고 상처를 입히지도 말며,
스스로를 정화시켜줄 계율을 지키고 소식을 하며,
인적이 없는 곳에 앉아 마음의 향상을 위해 전념하라.
이것이 모든 부처의 가르침이다.

不女堯亦不惱　如戒一切持　少食捨身貪
불여요역불뇌　여계일체지　소식사신탐
有行幽隱處　意諦以有黠　是能奉佛敎
유행유은처　의체이유할　시능봉불교

Not reviling, not injuring, (practising) restraint according to the law, moderation in eating, dwelling in solitude, diligence in higher thought, this is the teaching of the awakened.

재물이 비처럼 쏟아지더라도 만족할 수 없는 것이
인간의 끝없는 욕망이다.
"약간의 맛을 보는 것조차도 욕망은 쓰다."
현자들은 이 사실을 알고 있다.

天雨七寶　欲猶無厭　樂少苦多　覺者爲賢
천우칠보　욕유무염　낙소고다　각자위현

There is no satisfaction of one's passions even by a shower of gold pieces. He who knows that 'passions are of small enjoyment and productive of pain' is a wise man.

천상의 쾌락조차 만족시켜주지 못한다는 것을 깨달은
부처의 제자는
오로지 욕망이 사라지는 것만을 진심으로 즐긴다.

雖有天欲 慧捨無貪 樂離恩愛 爲佛弟子
수유천욕 혜사무탐 악리은애 위불제자

Even in celestial pleasures he finds no delights. The disciple who is
fully awakened delights only in the destruction of all desires.

공포에 떠는 사람은 산과 숲,
그리고 동산과 나무와 사당과 같은 것의 보호를 갈망한다.

或多自歸 山川樹神 廟立圖像 祭祠求福
혹다자귀 산천수신 묘립도상 제사구복

Men driven by fear go to many a refuge, to mountains, and to
forests, to sacred trees, and shrines.

189

그러나 그러한 곳에서는 결코 안전한 보호를 받을 수 없으며
최상의 보호도 아니다.
그런 곳에서 안전을 갈망한다 하더라도
모든 괴로움이 사라지지는 않는다.

自歸如是 非吉非上 彼不能來 度我衆苦
자귀여시 비길비상 피불능래 도아중고

That, verily, is not a safe refuge, that is not best refuge. After having
got to that refuge a man is not delivered from all pains.

190

부처와 가르침과 승단에 귀의하는 사람은
옳은 지혜의 네 가지 위대한 진리를 발견할 수 있다.

如有自歸 佛法聖衆 道德四諦 必見正慧
여유자귀 불법성중 도덕사체 필견정혜

But he who takes refuge in the Buddha, the Law, and the Order, he
perceives, in his clear wisdom, the four noble truths.

네 가지 진리란 인생의 괴로움이 되는 것,
그 괴로움이 무엇에서 비롯된 것인가 하는 것,
다음으로는 그 괴로움에서 벗어나는 것,
그리고 괴로움을 씻어내는 데 이르는
여덟 가지 위대한 형식이다.

生死極苦 從諦得度 度世八道 斯除衆苦
생사극고 종체득도 도세팔도 사제중고

Suffering, the origin of suffering, the cessation of suffering, and the
noble eightfold path which leads to the cessation of suffering.

이렇게 불가에 귀의하는 것이야말로
진정으로 안전한 귀의이며 최상의 귀의다.
그러므로 만약 이러한 것으로의 귀의를 추구한다면
모든 괴로움에서 벗어날 수 있다.

自歸三尊 最吉最上 唯獨有是 度一切苦
자귀삼존 최길최상 유독유시 도일체고

That, verily, is a safe refuge, that is the best refuge; after having got
to that refuge a man is delivered from all pains.

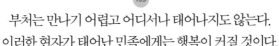

193

부처는 만나기 어렵고 어디서나 태어나지도 않는다.
이러한 현자가 태어난 민족에게는 행복이 커질 것이다.

明人難値 亦不比有 其所生處 族親蒙慶
명인난치 역불비유 기소생처 족친몽경

A well-bred person (a Buddha) is difficult to be found. He is not
born everywhere. Wherever such a wise one is born that household
prospers.

194

모든 부처의 출현은 행복한 일이다.
위대한 설법을 밝히는 것도 행복이다.
승단의 평화도 행복이다.
하나가 되어 수행하는 것도 행복이다.

諸佛興快 說經道快 衆聚和快 和則常安
제불흥쾌 설경도쾌 중취화쾌 화칙상안

Blessed is the birth of the awakened; blessed is the teaching of the
true law; blessed is concord in the Order; blessed is the austerity of
those who live in concord.

모든 번뇌의 원천을 정복하고 괴로움과 고민에서 벗어나
공양해야 마땅할 부처와 그의 제자를 공양하는 것.

見諦淨無穢 已度五道淵 佛出照世間 爲除衆憂苦
견체정무예 이도오도연 불출조세간 위제중우고

He who pays homage to those who are worthy of homage, whether
the awakened or their disciples, those who have overcome the host (of
evils) and crossed beyond the stream of sorrow.

이러한 정신적 자유와 평화를 누리는 사람을
공양하는 공덕은 아무도 헤아릴 수 없는 일이다.

士如中正 志道不間 利在斯人 自歸佛者
사여중정 지도불간 이재사인 자귀불자

He who pays homage to such as have found deliverance and are free
from fear, this his merit cannot be measured by anyone.

第 15 章
안락품(安樂品)

행복(幸福)의 장

HAPPINESS

행복

197

자신에게 원한을 품은 사람들 가운데 있으면서
원한을 품지 않고 자신의 삶을 살자.
자신을 증오하는 사람들 속에 있으면서
마음속에 증오를 품지 않고 즐겁게 살자.

我生已安 不온於怨 衆人有怨 我行無怨
아생이안 불온어원 중인유원 아행무원

Let us live happily then, hating none in the midst of men who hate.
Let us dwell free from hate among men who hate.

198

마음의 병을 앓고 있는 사람들 속에 있으면서
마음의 병 없이 진정으로 행복한 삶을 살자.
마음의 병을 앓는 사람들 속에 있으면서
건강한 마음으로 살자.

我生已安 不病於病 衆人有病 我行無病
아생이안 불병어병 중인유병 아행무병

Let us live happily then, free from disease in the midst of those who
are afflicted with disease. Let us dwell free from disease among men
who are afflicted with disease.

탐욕스러운 사람들 속에 있으면서
탐욕 없이 행복한 삶을 살자.
끝없는 욕망 속에서 욕망 없이 자신의 삶을 살자.

我生已安 不慼於憂 衆人有憂 我行無憂
아생이안 불척어우 중인유우 아행무우

Let us live happily then, free from care in the midst of those who are careworn; let us dwell free from care among men who are careworn.

아무것도 소유하지 않은 우리는 진정으로 행복하게 살자.
'빛의 신'처럼 즐거운 마음을 먹으며 살자.

我生已安 淸淨無爲 以樂爲食 如光音天
아생이안 청정무위 이락위식 여광음천

Let us live happily then, we who possess nothing. Let us dwell feeding on happiness like the shining gods.

승리는 원한을 낳고, 패자는 괴로워하면서 쓰러져 있다.
승패를 떠나 고요한 삶을 사는 사람은 행복하다.

勝則生怨 負則自鄙 去勝負心 無諍自安
승즉생원 부즉자비 거승부심 무쟁자안

Victory breeds hatred; the conquered dwells in sorrow. He who has given up (thoughts of both) victory and defeat, he is calm and lives happily.

욕망처럼 타오르는 불꽃은 없고 분노처럼 나쁜 주사위는 없다.
우리의 육체처럼 괴로운 것이 없다.
정신적 안녕을 능가하는 즐거움은 없다.

熱無過婬 毒無過怒 苦無過身 樂無過滅
열무과음 독무과노 고무과신 낙무과멸

There is no fire like passion, no ill like hatred, there is no sorrow like this physical existence (individuality), there is no happiness higher than tranquillity.

굶주림은 가장 큰 병이다. 이 몸은 최고의 괴로움이다.
이 사실을 깨달은 자만이 더없는 행복을 얻을 수 있는
정신적 자유에 도달할 수 있다.

餓爲大病 行爲最苦 已諦知此 泥洹最安
아위대병　행위최고　이체지차　이원최안

Greediness is the worst of diseases; propensities are the greatest of
sorrows. To him who has known this truly, nirvana is the highest
bliss.

204

건강은 가장 큰 이익이다. 만족을 아는 것이 최고의 재산이다.
신뢰야말로 무엇과도 바꿀 수 없는 관계이다.
정신적 자유는 그야말로 최고의 행복이다.

無病最利 知足最富 厚爲最友 泥洹最樂
무병최리　지족최부　후위최우　이원최락

Health is the greatest of gifts, contentment is the greatest wealth;
trust is the best of relationships. Nirvana is the highest happiness.

고독의 맛과 정숙의 맛을 본 사람은
공포와 악으로부터 벗어나 진리와 같은 기쁨을 맛볼 수 있다.

解知念待昧 思將休息義 無熱無饑想 當服於法味
해지념대미 사장휴식의 무열무기상 당복어법미

Having tasted the sweetness of solitude and the sweetness of
tranquillity he becomes free from fear and free from sin while he
drinks the sweetness of the joy of the law.

성인과의 만남은 좋은 일이며
성자와 함께 사는 일은 항상 행복하다.
어리석은 자를 만나지 않는다면 끝없는 행복을 누릴 수 있다.

見聖人快 得依附快 得離愚人 爲善獨快
견성인쾌 득의부쾌 득리우인 위선독쾌

The sight of the noble is good; to live with them (in their company) is
always happiness. He will be always happy who does not see fools.

어리석은 자와 함께 길을 가다 보면
긴 여정 동안 괴로워해야 한다.
어리석은 자와 함께 있는 것은
마치 적과의 동침과 같아 끝없는 고통에 시달리게 된다.
이와 반대로 현자와 함께 있다면
마치 가족과의 만남처럼 행복하다.

與愚同居難 猶與怨同處 當選擇共居 如與親親會
여우동거난 유여원동처 당선택공거 여여친친회

He who consorts with a fool suffers a long time. Association with
fools as with an enemy is always (productive of) pain. Association with
the wise, as meeting with one's kinsfolk, is (productive of) happiness.

그러므로 현명한 사람, 지혜로운 사람, 학식이 많은 사람,
인내심이 강한 사람, 도덕을 잘 지키는 성자, 선량한 사람,
지식이 깊은 사람의 뒤를 마치 별의 길을 따라
좇는 달처럼 따라야 한다.

是故事多聞 幷及持戒者 如是人中上 如月在衆星
시고사다문 한급지계자 여시인중상 여월재중성

Therefore, even as the moon follows the path of the constellations
one should follow the wise, the intelligent, the learned, the much
enduring, the dutiful, the noble: such a good and wise man (one
should follow).

第16章
애호품(愛好品)

쾌락(快樂)의 장

PLEASURE

쾌락

길이 아닌 것에 마음을 빼앗겨 명상에 전념하지 못한다면
사물의 본질을 잊은 채 오로지 사랑에 허우적거리며
스스로 명상에 잠긴 사람을 부러워하게 된다.

違道則自順 順道則自違 捨義取所好 是謂順愛欲
위도즉자순 순도즉자위 사의취소호 시위순애욕

He who gives himself to the distractions (of the world) and does not
give himself to meditation, giving up his own welfare and grasping
at pleasure, will envy him who exerts himself in meditation.

사랑하는 사람에 집착해서는 안 된다.
사랑하지 않는 사람에 대해서도 마찬가지다.
왜냐하면 사랑하는 사람을 볼 수 없다면 괴롭고,
사랑하지 않는 사람을 보는 것 또한 괴로운 일이니까.

不當趣所愛 亦莫有不愛 愛之不見憂 不愛亦見憂
부당취소애 역막유불애 애지불견우 불애역견우

Let no man cling to what is pleasant of unpleasant. Not to see what
is pleasant is pain as also (it is pain) to see what is unpleasant.

그러므로 결코 사랑하는 사람을 만들어서는 안 된다.
사랑하는 사람을 잃는 것은 커다란 불행이다.
그 누구도 사랑하지 말고,
그 누구도 미워하지 않는 사람에게는 이런 질곡이 없다.

是以莫造愛　愛憎惡所由　已除結縛者　無愛無所憎
시이막조애　애증악소유　이제결박자　무애무소증

Therefore, do not take a liking to anything; loss of the loved object is evil. There are no bonds for him who has neither likes nor dislikes.

사랑 때문에 근심이 생기고 사랑 때문에 두려움이 생긴다.
사랑에서 해탈한 사람에게 더 이상의 근심은 없다.
또한 어찌 두려움이 있겠는가.

好樂生憂　好樂生畏　無所好樂　何憂何畏
호락생우　호락생외　무소호락　하우하외

From the liked arises grief; from the liked arises fear. To one who is free from liking there is no grief. How (then can there be) fear?

애정에서 근심이 생기고 애정에서 두려움이 생긴다.
애정에서 해탈한 사람에게 더 이상의 근심은 없다.
또한 어찌 두려움이 있겠는가.

愛喜生憂　愛喜生畏　無所愛喜　何憂何畏
애희생우　애희생외　무소애희　하우하외

From affection arises grief; from affection arises fear. To one who is
free from affection there is no grief. How (then can there be) fear?

쾌락에서 근심이 생기고 쾌락에서 두려움이 생긴다.
쾌락에서 해탈한 사람에게 더 이상의 근심은 없다.
또한 어찌 두려움이 있겠는가.

愛樂生憂　愛樂生畏　無所愛樂　何憂何畏
애요생우　애요생외　무소애요　하우하외

From enjoyment arises grief, from enjoyment arises fear. To one
who is free from enjoyment there is no grief. How (then can there be)
fear.

215

욕정에서 근심이 생기고 욕정에서 두려움이 생긴다.
욕정에서 해탈한 사람에게 더 이상의 근심은 없다.
또한 어찌 두려움이 있겠는가.

愛欲生憂 愛欲生畏 無所愛欲 何憂何畏
애욕생우　애욕생외　무소애욕　하우하외

From desire arises grief, from desire arises fear. To one who is free
from desire there is no grief. How (then can there be) fear?

216

집착에서 근심이 생기고 집착에서 두려움이 생긴다.
집착에서 해탈한 사람에게 더 이상의 근심은 없다.
또한 어찌 두려움이 있겠는가.

貪欲生憂 貪欲生畏 無所貪欲 何憂何畏
탐욕생우　탐욕생외　무소탐욕　하우하외

From craving arises grief, from craving arises fear. To one who is
free from craving there is no grief. How (then can there be) fear?

도덕과 지혜를 겸비하고 진리에 따라 진실을 말하고
자신의 의무를 다하는 사람, 세상은 이런 사람을 사랑한다.

貪法戒成 至誠知慚 行身近道 爲衆所愛
탐법계성 지성지참 행신근도 위중소애

Him who is endowed with virtue and insight, who is established in
the law, who is truthful, who minds his own affairs, him the world
holds dear.

말로는 형언할 수 없는 정신적 자유에 대해 깊이 생각하며
자신의 의지에 만족하고
모든 욕정의 속박에 얽매이지 않는 사람을
'상류에 도달한 사람'이라고 불러야 한다.

欲態不出 思正乃語 心無貪愛 必截流渡
욕태불출 사정내어 심무탐애 필절류도

He in whom a desire for the Ineffable has arisen, who is replete with
mind, whose thought is freed from desires, he is called one who
ascends the stream.

오랜 타향살이를 한 사람이 멀리서 무사히 돌아왔을 때,
친척과 친구와 사랑하는 사람들은 그를 반갑게 맞이한다.

譬人久行　從遠吉還　親厚普安　歸來喜歡
비인구행　종원길환　친후보안　귀래희환

When a man who has been long away returns safe from afar,
kinsmen, friends, and well-wishers receive him gladly.

이와 마찬가지로 착한 일을 하고
이 세상에서 다음 세상으로 갈 때 그의 업보가 그를 맞이한다.
마치 사랑하는 사람이 돌아오는 것을
반갑게 맞이해주는 가족들처럼.

好行福者　從此到彼　自受福祚　如親來喜
호행복자　종차도피　자수복조　여친래희

Even so his good deeds receive the good man who has gone from
this world to the next, as kinsmen receive a friend on his return.

第17章
분노품(忿怒品)

분노(忿怒)의 장

ANGER

성냄

221

화를 버리고 흥분을 가라앉혀라. 모든 속박을 초월하라.
이러한 개념과 형태에 지배되어서는 안 된다.
아무것도 소유하지 않은 사람은 결코 고뇌에 쫓기지 않는다.

捨恚離慢 避諸愛貪 不著名色 無爲滅苦
사에리만 피제애탐 불저명색 무위멸고

Let a man put away anger, let him renounce pride. Let him get
beyond all worldly attachments; no sufferings befall him who is not
attached to name and form (phenomenal existence), who calls nothing
his own.

222

마치 거칠게 달리는 마차를 멈추듯이
끓어오르는 분노를 스스로 제어하는 사람,
나는 이런 사람이야말로 진실의 마부라 부른다.
그 외의 사람들은 그저 고삐를 쥐고 있을 뿐이다.

恚能自制 如止奔車 是爲善御 棄冥入明
에능자제 여지분거 시위선어 기명입명

He who curbs his rising anger like a chariot gone astray (over the plain),
him I call a real charioteer, others but hold the reins (and do not deserve
to be called charioteers).

화를 이기는 것은 부드러운 마음이고,
악을 이기기 위해서는 선한 마음 가져야 한다.
인색한 사람에게는 자선의 마음으로 이기고,
거짓을 일삼는 사람에게는 진실로써 이겨야 한다.

忍辱勝恚 善勝不善 勝者能施 至誠勝欺
인욕승에 선승불선 승자능시 지성승기

Let a man overcome anger by non-anger (gentleness), let him
overcome evil by good, let him overcome the miser by liberality, let
him overcome the liar by truth.

항상 진실을 말하라. 결코 화를 내서는 안 된다.
비록 적은 것이라도 누군가 원한다면 내어주라.
이 세 가지 덕목을 가지고 신 앞에 나서라.

不欺不怒 意不求多 如是三事 死則生天
불기불노 의불구다 여시삼사 사즉생천

One should speak the truth, not yield to anger, even if asked for a
little. By these three means one will certainly come into the presence
of the gods.

그 어떤 것이라도 상처를 입히지 말고
끝없이 자신의 육체를 억제하고 삼가는 성자는
불멸의 경지에 이른다.
그곳에서는 근심이 없다.

常自攝身 慈心不殺 是生天上 到彼無憂
상자섭신 자심불살 시생천상 도피무우

The sages who injure none, who always control their body, go to the
unchangeable place, where, having gone, they do not grieve.

의식이 항상 깨어 있고
밤낮으로 공부하여 정신적 자유에 이르고자
노력하는 사람에게 맹목적 충동은 사라진다.

意常覺寤 明暮勤學 漏盡意解 可致泥洹
의상각오 명모근학 누진의해 가치니원

Those who are ever vigilant (wakeful), who study by day and by night,
who strive after nirvana, their taints come to an end.

"사람은 침묵 속에 앉아 있는 사람을 비난한다.
말이 많은 사람을 비난한다. 조금만 말을 해도 비난한다.
이 세상에서 비난을 받지 않는 사람은 없다."
이것은 예로부터 전해온 것으로
절대 최근에 생겨난 말이 아니다.

人相毁謗 自古至今 旣毁多言 又毁訥忍 亦毁中和 世無不毁
인상훼방 자고지금 기훼다언 우훼눌인 역훼중화 세무불훼

This is an old saying, O Atula, this is not (a saying) only of today. 'They
blame him who remains silent, they blame him who talks much, they
blame also him who speaks in moderation.' There is not anyone in
the world who is not blamed.

아무 이유 없이 항상 비난을 받거나 칭찬을 받는 사람은
과거에도 없었고 현재에도 없고 미래에도 없을 것이다.

欲意非聖 不能制中 一毁一譽 但爲利名
욕의비성 불능제중 일훼일예 단위리명

There never was, nor will be, nor is there now to be found anyone
who is (wholly) blamed, anyone who is (wholly) praised.

229

식견이 있는 누군가가
어떤 사람의 결점 없는 행동과
현명하고 지덕을 겸비한 일상생활을 칭찬한다면,

多聞能奉法 智慧常定意 如彼閻浮金 孰能說有瑕
다문능봉법 지혜상정의 여피염부금 숙능설유하

But he whom the discriminating praise observing day after day, as
without blemish, wise, endowed with meditative wisdom and virtue,

230

순금으로 만든 장식품이 그렇듯,
누가 그를 비난할 수 있겠는가. 신들은 그를 칭찬한다.
그리고 최고의 신 범천왕조차도 그를 칭찬할 것이다.

如阿難淨 莫而誣謗 諸天咨嗟 梵釋所稱
여아난정 막이무방 제천자차 범석소칭

who is worthy to blame him who is like a gold coin from the Jambu
river? Even the gods praise him; he is praised even by Brahma.

모든 몸짓의 화를 막아 동작을 제어하고 삼가라.
몸짓에서 악행을 버리고 선행에 힘써라.

常守護身 以護瞋恚 除身惡行 進修德行
상수호신 이호진에 제신악행 진수덕행

Let one be watchful of bodily irritation. Let him practise restraint of
the body. Having abandoned the sins of the body let him practise
virtue with his body.

말에 드러나는 화를 막아 말을 제어하고 조심하라.
입 밖으로 나오는 거친 말투를 버리고 말로써 선행을 하라.

常守護口 以護瞋恚 除口惡言 誦習法言
상수호구 이호진에 제구악언 송습법언

Let one be watchful of speech-irritation. Let him practise restraint
of speech. Having abandoned the sins of speech let him practise
virtue with his speech.

마음속 화를 막아 마음을 제어하고 조심하라.
마음속 악한 생각을 버리고 마음으로써 선행을 하라.

常守護心 以護瞋恚 除心惡念 思惟念道
상수호심 이호진에 제심악념 사유념도

Let one be watchful of mind-irritation. Let him practise restraint of mind. Having abandoned the sins of mind let him practise virtue with his mind.

몸짓을 제어하고, 말을 삼가고,
생각을 통제할 수 있는 현자야말로
정말로 자신을 잘 지키는 사람이라 할 수 있다.

節身愼言 守攝其心 捨恚行道 忍辱最强
절신신언 수섭기심 사에행도 인욕최강

The wise who control their body, who likewise control their speech, the wise who control their mind are indeed well controlled.

第18章
진구품(塵垢品)

때 묻음의 장

IMPURITY

더러움

너는 지금 시든 낙엽 같다. 죽음의 사자가 너를 기다리고 있다.
너는 이승에서의 삶을 마치고 저승 문 앞에 서 있지만
여행을 떠날 노자가 없구나.

生無善行 死墮惡道 往疾無間 到無資用
생무선행 사타악도 왕질무간 도무자용

You ar now like a withered leaf; even messengers of death have
come near you. You stand at the threshold of departure (at the gate of
death) and you have made no provision (for your journey).

그러므로
너 스스로 너의 등불이 되어 열심히 노력하여 현자가 되어라.
그렇게 더러움을 씻고 죄에서 벗어난다면
천상의 성스러운 곳으로 갈 수 있을 것이다.

當求知慧 以然意定 去垢勿垢 可離苦形
당구지혜 이연의정 거구물구 가리고형

Make for yourself an island (refuge), strive quickly, be wise. When
your impurities are purged and you are free from sin you will reach
heaven, the land of the elect.

237

너는 지금 삶의 종점에 서 있다.
너는 이제 염라대왕과 점점 가까워지고 있다.
그러나 네게는 도중에 쉴 곳이 없다. 그리고 노자마저 없다.

生時臨終　死墮閻魔　往休無間　到無資用
생시임종　사타염마　왕휴무간　도무자용

Your life has come near to an end, you are arrived in the presence of
Yama (the king of death). There is no resting-place for you on the way
and you have made no provision (for your journey).

238

그러므로
너 스스로 너의 등불이 되어 열심히 노력하고 현자가 되어라.
그렇게 더러움을 씻고 죄에서 벗어난다면
다시 태어나고 죽는 괴로운 윤회의 길에
들어가지 않을 것이다.

當求智慧　以然意定　去垢勿汚　生老不死
당구지혜　이연의정　거구물오　생로불사

Make for yourself and island, strive quickly, be wise. When your
impurities are purged and you are free from sin, you will not again
enter into birth and old age.

239

대장장이가 은을 세공하듯이
지혜로운 사람은 서두르지 않고 차례차례 조금씩,
그러나 끝없이 자신의 때를 벗겨야 한다.

慧人以漸 安徐精進 洗滌心垢 如工鍊金
혜인이점 안서정진 세척심구 여공련금

As a smith removes the impurities of silver, even so let a wise man
remove the impurities of himself one by one, little by little, and
from time to time.

240

쇠에 생긴 녹이
쇠에서 나온 것임에도 불구하고 쇠를 갉아먹듯이,
지켜야 할 도덕에서 벗어난 행위는
스스로를 불행한 삶으로 인도하게 된다.

惡生於心 還自壞形 如鐵生垢 反食其身
악생어심 환자괴형 여철생구 반식기신

Impurity arising from iron eats into it though born from itself,
likewise the evil deeds of the transgressor lead him to the evil state.

독경을 하지 않으면 기도의 가치가 없다.
가꾸지 않는다면 집의 가치는 없다.
게으르면 아름다움도 더러워진다.
방종하면 수행의 가치가 없다.

不誦爲言垢 不勤爲家垢 不嚴爲色垢 放逸爲事垢
불송위언구　불근위가구　불엄위색구　방일위사구

Non-recitation is the impurity of the seeker, non–exertion is the impurity of house; indolence is the impurity of (personal) appearance, and thoughtlessness is the impurity of the watchful.

부정한 행위는 부녀자의 수치이다.
욕심은 자비로운 사람의 수치이다.
악행이야말로 이승에서는 물론이고
저승에서도 수치스러운 행위이다.

慳爲惠施求 不善爲行垢 今世亦後世 惡法爲常垢
간위혜시구　불선위행구　금세역후세　악법위상구

Bad conduct is the impurity of a woman; niggardliness is the impurity of the giver; evil deeds are impurities in this world and in the next.

이러한 수치보다도 훨씬 큰 수치가 있다.
맹목적 본능이야말로 끝없는 수치이다.
수행자여, 이 최대의 수치를 버리고 깨끗한 사람이 되어라.

垢中之垢 莫甚於痴 學當斯惡 比丘無垢
구중지구 막심어치 학당사악 비구무구

But there is an impurity greater than all impurities. Ignorance is the greatest impurity. O mendicants, having cast away that impurity, be free from all impurities.

수치를 모르고 까마귀처럼 후안무치한 사람, 남을 협박하는 사람,
무례하고 난폭한 수치스러운 삶에 젖어 있는 사람에게
인생이란 너무도 쉬운 것이다.

苟生無恥 如鳥長喙 强顔耐辱 名曰穢生
구생무치 여조장훼 강안내욕 명왈예생

Life is easy to live for one who is shameless, who is of (the boldness of) a crow hero, for the mischief—maker for the slanderer, for the impudent, and for the impure.

부끄러움을 알고 항상 깨끗한 삶을 바라며
그 어떤 것의 지배도 받지 않고, 흥분하지 않으며
청빈한 삶을 사는 사람에게 인생이란 힘겨운 것이다.

廉恥雖苦 義取淸白 避辱不妄 名曰潔生
염치수고 의취청백 피욕불망 명왈결생

But life is hard to live for one who has a sense of modesty, who
always seeks for what is pure, who is disinterested, not impudent,
who lives in purity; the man of insight.

생명이 있는 것을 해치고, 거짓말을 하고,
남의 것을 취하고, 남의 아내를 탐하고,

愚人好殺 言無誠實 不與而取 好犯人婦
우인호살 언무성실 불여이취 호범인부

He who destroys life, who speaks untruth, who in this world takes
what is not given to him, who goes to another man's wife,

247

또한 술에 취해 있는 사람은
이 세상에서 이미 자신의 뿌리를 파내고 있는 것과 같다.

逞心犯戒 迷惑於酒 斯人世世 自堀身本
영심범계 미혹어주 사인세세 자굴신본

and he who gives himself to drinking intoxicating liquors, he, even
in this world, digs up his own root.

248

그대여, 스스로 절제하지 않으면
사악한 상태에 빠진다는 것을 염두에 두라.
욕망과 부정이
그대를 끝없는 괴로움에 빠트리지 않게 조심하라.

人如覺是 不當念惡 愚近非法 久自燒滅
인여각시 불당념악 우근비법 구자소멸

Know this, O man, that evil things befall the unrestrained. Let not
greed and wrong-doing bring you to grief for a long time.

사람들은 자신이 믿는 것을 좇고
자신이 좋아하는 것을 따라 베푼다.
만약 이렇게 베푸는 음식에 불만이 있다면
그는 밤낮으로 마음의 평화를 얻기 어려울 것이다.

若身布施 欲揚名譽 會人虛飾 非入淨定
약신포시 욕양명예 회인허식 비입정정

Men give (alms) according to their faith or according to their
friendliness. Therefore, he who frets about the drink and food given
to others does not, either by day or by night, enjoy peace of mind.

그러나 불만의 뿌리를 송두리째 뽑아 근절한 사람은
밤낮으로 마음의 평화를 얻을 것이다.

一切斷欲 截意根原 晝夜守一 必求定意
일체단욕 절의근원 주야수일 필구정의

He in whom this spirit (of envy) is destroyed, removed, by the very
root, he, indeed, by day and by night, enjoys peace of mind.

251

욕망처럼 강한 불길은 없다. 분노보다 강한 집착은 없다.
어리석음보다 촘촘한 그물은 없다.
맹목적 욕정보다 끔직한 강물은 없다.

火莫熱於淫 捷莫疾於怒 網莫密於痴 愛流駛乎河
화막열어음 첩막질어노 망막밀어치 애류사호하

There is no fire like passion, no capturer like hatred, there is no net
(snare) like delusion, no torrent like craving.

252

남의 허물은 발견하기 쉽고 자신의 과오는 깨닫기 어렵다.
타인의 허물은 왕겨를 털어내듯이 발견하고
자신의 과오를 깨닫지 못하는 것은
마치 도박꾼이 자신의 나쁜 패를 감추는 것과 같다.

善觀己瑕障 使己不露外 彼彼自有隙 如彼飛輕塵
선관이하장 사이불노외 피피자유극 여피비경진

The fault of others is easily seen; our own is difficult to see. A man
winnows others' faults like chaff, but his own faults he hides even as
a cheat hides an unlucky throw.

항상 남의 허물만 들추며 화를 내는 사람은
맹목적 본능만 커져 그것에서 벗어나기 어렵게 된다.

若己稱無瑕 罪福俱幷至 但見外人隙 恒懷危害心
약이칭무하 죄복구병지 단견외인극 항양위해심

To him who is observant of the faults of others, who is ever
censorious, his own passions increase and he is far from the
destruction of passions.

하늘에는 길이 없다.
외적 삶에 마음을 빼앗긴다면 수행자라 할 수 없다.
대부분의 사람들은 허상에 사로잡혀 즐거워하고 있다.
진리를 터득한 사람에게 더 이상 허영은 없다.

虛空無轍迹 沙門無外意 衆人盡樂惡 唯佛淨無穢
허공무철적 사문무외의 중인진낙악 유불정무예

There is no path in the sky, there is no recluse (adopting the Buddhist
path) outside (of us), mankind delights in worldliness; the Buddhas are
free from worldliness.

하늘에는 길이 없다. 외적 삶을 살면서 수행자가 될 수 없다.
이 세상 모든 현상에 영원한 것은 없지만
부처는 이제 흔들림이 없다.

虛空無轍迹 沙門無外意 世間皆無常 佛無我所有
허공무철적 사문무외의 세간개무상 불무아소유

There is no path in the sky, there is no recluse outside (of us).
Nothing in the phenomenal world is eternal, there is no instability to
the awakened.

第 19 章
주법품(住法品)

정의(正義)의 장

THE RIGHTEOUS

올바름

폭력을 이용해 억지로 이익을 취했다고 해서
결코 정의롭게 살 수 없다.
현자만이 어느 것이 이익이고 어느 것이 불이익인지를
판단할 수 있다.

好經道者 不競於利 有利無利 無欲不惑
호경도자 불경어리 유리무리 무욕불혹

He who carries out his purpose by violence is not therein righteous
(established in the law). He is wise who decides both advantage and
disadvantage.

폭력을 쓰지 않고 정의와 공정함으로 타인을 인도하고
스스로 공정함을 지키는 지혜로운 사람이야말로
정의를 실천한다고 할 수 있다.

常愍好學 正心以行 擁懷實慧 是謂爲道
상민호학 정심이행 옹회보혜 시위위도

He who guides others by a procedure that is non—violent and
equitable, he is said to be a guardian of the law, wise and righteous.

258

말이 많다고 해서 지혜로운 사람이 아니다.
평온한 마음에 미움을 품지 않고
두려울 것이 없는 사람이야말로 현자라 할 수 있다.

所謂智者 不必辯言 無恐無懼 守善爲智
소위지자 불필변언 무공무구 수선위지

A man is not learned simply because he talks much. He who is
tranquil, free from hatred, free from fear, he is said to be learned.

259

많이 가르친다고 해서
그것만으로 교리를 터득했다고 할 수 없다.
아주 적은 교리를 들었다고 하더라도
자신에게서 그 교리를 발견하고 실천하는 사람만이
진리를 터득한 사람이다.

奉持法者 不以多言 雖素少聞 身依法行 守道不忘 可謂奉法
봉지법자 불이다언 수소소문 신의법행 수도불망 가위봉법

A man is not a supporter of the law simply because he talks much,
but he who, little learned, discerns it by his body, he who does not
neglect the law, he, indeed, is the supporter of the law.

260

머리가 백발이 되었다고 해서
결코 장로가 될 수 있는 것은 아니다.
물론 나이는 먹었겠지만 그것은 시간이 흘러 늙었을 뿐이다.

所謂長老 不必年耆 形熟髮白 惷愚而已
소위장노　불필연기　형숙발백　준우이이

A man is not an elder simply because his head (hair) is grey. His age is
ripe, but he is called grown old in vain.

261

인생의 진리를 깨닫고 가르침에 따르며
자애와 자제심과 겸양의 자세를 갖추고
자신의 마음을 깨끗하게 한 현자, 그야말로 장로라 할 수 있다.

謂懷諦法 順調慈仁 明達淸潔 是爲長老
위회체법　순조자인　명달청결　시위장로

He in whom dwell truth, virtue, non-violence, restraint, control, he
who is free from impurity and is wise, he is called an elder.

시기하고 증오하며 타인을 속이는 사람은
아무리 많은 말을 하고 잘생겼다고 하더라도,
명예로운 사람이 아니다.

所謂端正 非色如花 慳嫉虛飾 言行有違
소위단정 비색여화 간질허식 언행유위

Not by mere talk, not by the beauty of the complexion, does a man
who is envious, greedy, and wicked become of good disposition.

이러한 악을 끊고 뿌리를 뽑아
증오심에서 벗어난 지혜로운 사람이야말로
명예로운 사람이다.

謂能捨惡 根原已斷 慧而無恚 是謂端正
위능사악 근원이단 혜이무에 시위단정

He in whom these (envy, greed, and wickedness) are destroyed, removed
by the very root, he who is free from guilt and is wise, is said to be
handsome.

스스로 자제하지 못하고 거짓말을 하는 사람은
머리를 깎았다고 해서 수행자라 할 수 없다.
욕망과 탐욕의 속박을 당하고 있다면
어찌 수행자라 할 수 있겠는가.

所謂沙門 非必除髮 妄語貪取 有欲如凡
소위사문 비필제발 망어탐취 유욕여범

Not by tonsure does one who is undisciplined and who speaks
untruth become a religious man. How can one who is full of desire
and greed be a religious man?

크고 작은 모든 악을 억제한다면
그에게는 모든 악이 사라져 수행자라 불러 마땅하다.

謂能止惡 恢廓弘道 息心滅意 是爲沙門
위능지악 회확홍도 식심멸의 시위사문

But he who always quiets the evil tendencies, small or large, he is
called a religious man because he has quieted all, evil.

걸식을 하는 것만으로 수도승이라 할 수 없다.
또한 교리를 배웠다고 해서 수도승이라 할 수 없다.

所謂比丘 非時乞食 邪行望彼 稱名而已
소위비구 비시걸식 사행망피 칭명이이

He is not a mendicant simply because he begs others (for alms). He who adopts the whole law is a mendicant, not he who adopts only a part.

이 세상의 선과 악, 이 두 가지를 버리고
오로지 신중한 비판의 시선을 가지고 살아가는 사람이야말로
진정한 수도승이라 할 수 있다.

謂捨罪福 淨修梵行 慧能破惡 此爲比丘
위사죄복 정수범행 혜능파악 시위비구

But he who is above good and evil and is chaste, who comports himself in the world with knowledge, he, indeed, is called a mendicant.

침묵을 지킨다고 해서
어리석고 지혜가 없는 사람을 현자라 하지 않는다.
지혜란 마치 계량기를 들고 있는 것과 같아
스스로 선을 골라내고 악을 버린다.
그런 사람이야말로 이로써 수도승이 된다.

所謂仁明 非口不言 用心不淨 外順而已
소위인명 비구불언 용심부정 외순이이

By (observing) silence a man does not become a sage if he be foolish
and ignorant; but that wise man, who, holding (as it were) the scale,
takes what is good,

이 세상에서 선과 악,
이 두 가지를 가늠할 수 있는 사람이야말로
수도승이라 할 수 있다.

謂心無爲 內行淸虛 此彼寂滅 是爲仁明
위심무위 내행청허 차피적멸 시위인명

and avoids the evil, he is the sage, is a sage for that (very) reason. He
who in this world weighs both sides, is called a sage on that (very)
account.

생명이 있는 것에 위해를 가하면 성자가 아니다.
이와 반대로 모든 생명을 가진 것을 해치지 않는다면
성자라 할 수 있다.

所謂有道 非救一物 普濟天下 無害爲道
소위유도 비구일물 보제천하 무해위도

A man is not noble (or elect) because he injures living creatures. He is
called noble because he does not injure living beings.

단지 도덕적 행위에 의해, 많은 학문을 배움으로서,
정신통일의 수양을 함으로서,
또한 홀로 명상을 한다고 해서
세상 사람들이 알 수 없는 정신적 기쁨을 체험할 수는 없다.

戒衆不言 我行多誠 得定意者 要有閉損
계중불언 아행다성 득정의자 요유폐손

Not only by disciplined conduct and vows, not only by much
learning, nor moreover by the attainment of meditative calm nor by
sleeping solitary,

수행자여, 아직 맹목적 욕망으로부터 자유롭지 못하다면
결코 방심해서는 안 된다.

意解求安 莫習凡夫 結使未盡 莫能得脫
의해구안 막습범부 사결미진 막능득탈

Do I reach the happiness of release which no worldling can attain.
O mendicant, do not be confident (rest not content) so long as you
have not reached the extinction of impurities.

第20章
도행품(道行品)

길의 장

THE PATH

진리의 길

273

여덟 가지 정도*는 무상의 길이다.

고집멸도(苦集滅道:괴로움의 원인인 번뇌에서 벗어나 깨달음에 이르는 길)는
수많은 진리 중에 최고다.

맹목적 욕망에서 벗어나는 것은 모든 덕 중에 최고다.

두 다리를 가진 것 중에서
가장 존귀한 것은 진리를 보는 눈을 가진 사람이다.

*팔정도 : 정견(正見)·정사유(正思惟)·정어(正語)·정업(正業)·
정명(正命)·정념(正念)·정정진(正精進)·정정(正定)

道爲入直妙 聖諦四句上 無欲法之最 明眼二足尊
직위입직묘　성제사구상　무욕법지최　명안이족존

Of paths the eightfold is the best; of truths the (best are) four sayings (truths); of virtues freedom from attachment is the best; of men (literally two–footed beings) he who is possessed of sight.

깨달음의 눈을 맑게 하는 방법은 이 길뿐이다.
너희는 이 길을 따르라.
그러면 악마의 유혹을 이겨낼 것이다.

此道無有餘 見諦之所淨 趣向滅衆苦 此能壞魔兵
차도무유제 견제지소정 취향멸중고 차능양마병

This is the path; there is none other that leads to the purifying of
insight. You follow this (path). This will be to confuse (escape from)
Mara (death, sin).

만약 너희가 이 길을 간다면 너희의 괴로움은 끝나게 된다.
나는 이미 번뇌의 화살을 뽑는 방법을 깨달았다.
나는 너희에게 그 길을 제시하고 있다.

吾己所道 拔愛固刺 宜以自勗 受如來言.
오이설도 발애고척 선이자욱 수여래언

Going on this path, you will end your suffering. This path was
preached by me when I became aware of the removal of the thorns
(in the flesh).

276

부처는 길을 인도해주고 있다.
너희는 스스로 그 길을 좇아 정진해야 한다.
그 길을 따르는 수행자는 악마의 속박에서 벗어날 수 있다.

吾語汝法 愛箭爲射 宜以自勗 受如來言
오어여법 애전위사 선이자욱 수여래언

You yourself must strive. The Blessed Ones are (only) preachers. Those who enter the path and practise meditation are released from the bondage of Mara (death, sin).

277

"모든 피조물은 영원하지 않다."
이것을 배워 깨달았을 때
이 세상의 괴로움이 번거롭게 느껴진다.
이것이 맑은 삶에 이르는 길이다.

一切行無常 如慧所觀察 若能覺此苦 行道淨其跡
일체행무상 여혜소관찰 약능각차고 행도쟁기적

'All created things are impermanent (transitory).' When one by wisdom realizes (this), he heeds not (is superior to) (this world of) sorrow; this is the path to purity.

"모든 피조물은 고통이다."
이것을 배워 깨달았을 때
이 세상의 괴로움이 번거롭게 느껴진다.
이것이 맑은 삶에 이르는 길이다.

一切衆行苦 如慧之所見 若能覺此苦 行道淨其跡
일체중행고　여혜지소견　약능각차고　행도쟁기적

'All created things are sorrowful.' When on by wisdom realizes (this) he heeds not (is superior to) (this world of) sorrow; this is the path to purity.

"모든 현상에는 사물 그 자체는 없다."
이것을 배워 깨달았을 때
현상계(現象界)의 괴로움이 번거롭게 느껴진다.
이것이 맑은 삶에 이르는 길이다.

一切行無我 如慧之所見 若能覺此苦 行道淨其跡
일체행무아　여혜지소견　약능각차고　행도쟁기적

'All the elements of being are non-self.' When one by wisdom realizes (this), he heeds not (is superior to) (this world of) sorrow; this is the path to purity.

280

일어나야 할 때 일어나지 않고
젊고 힘이 있을 때 게으름을 피우고,
결심과 의지가 약해 열심히 정진하지 못하는 안일한 사람은
배운다고 해도 그 길을 찾지 못한다.

應起而不起 怙力不精懃 自陷人形卑 懈怠不解慧
응기이불기 시력불정근 자소인형비 해태불해혜

He who does not get up when it is time to get up, who, through
young and strong, is full of sloth, who is weak in resolution and
thought, that lazy and idle man will not find the way to wisdom.

281

말을 삼가고 마음을 억제하여
신체적으로 악한 일을 하지 말아야 한다.
이 세 가지 행동을 깨끗이 한다면
성인이 말한 길을 찾을 수 있을 것이다.

愼言守意念 身不善不行 如是三行除 佛說是得道
진언수의념 신불선불행 여시삼행제 불설시득도

Guarding his speech, restraining well his mind, let a man not commit
anything wrong with his body. He who keeps these three roads of
action clear, will achieve the way taught by the wise.

마음을 집중하여 명상함으로써 지혜가 생긴다.
이와 반대로 마음이 이리저리 흔들린다면 지혜는 무너진다.
어떻게 하면 지혜가 생기고 멸하는지, 이 두 가지 길을 깨닫고
지혜를 키울 수 있도록 스스로 노력해야 한다.

念應念則正 念不應則邪 慧而不起邪 思正道乃成
념응념즉정 념불응칙아 혜이불기아 사정도급성

From meditation springs wisdom; from lack of meditation there
is loss of wisdom. Knowing this two-fold path of progress and
decline, a man should place himself in such a way that his wisdom
increases.

욕망이라는 숲을 전부 베어 버려라.
숲에서 두려움이 발생한다.
그러나 기준이 되는 하나의 나무를 베어서는 안 된다.
수행자여, 숲과 그 아래의 것들을 모두 베어버릴 때,
욕망의 숲은 사라지게 될 것이다.

伐樹勿休 樹生諸惡 斷樹盡株 比丘滅度
벌수물휴 수생제악 단수진주 비구멸도

Cut down the (whole) forest, not the tree (only); danger comes out
of the forest. Having cut down both the forest and desire, O
mendicants, do you attain freedom.

아무리 작더라도
남자가 여자에 대한 욕정을 끊어내지 못한다면
그의 마음은 그것에 속박된다.
마치 젖을 먹는 송아지가 어미 소에게 매달리듯이.

夫不伐樹 少多餘親 心繫於此 如犢求母
부불벌수 소다여친 심민여차 여독구모

A long indeed as the desire, however small, of a man for women is
not destroyed, so long is his mind attached (to existence) as a sucking
calf is to its mother.

마치 가을날 연꽃을 손으로 꺾듯이
자신의 욕정을 끊어버려라.
그리고 고요의 길을 키워라.
이 정신적 자유는 부처가 가르쳐준 진리다.

當自斷戀 如秋池蓮 息跡受教 佛說泥洹
당자단섭 여추지련 식적수수 불설니원

Cut out the love of self as you would an autumn lily with the hand.
Cherish the path to peace, to nirvana pointed out by the Buddha.

286

"여기서 장마철을 보내자. 겨울과 여름을 여기서 살자."
어리석은 자는 이런 것만 생각하고
결코 자신의 죽음이 가까워졌다는 것을 깨닫지 못한다.

暑當止此 寒當止此 愚多務慮 莫知來變
서당지차 한당지차 우다무려 막지래섭

'Here I shall dwell in the rain, here in winter and summer.' thus the
fool thinks; he does not think of the obstacle (of life).

287

아이와 가축에 마음을 빼앗겨 집착하는 사람은
마치 잠든 마을을 홍수가 덮치는 것과 마찬가지로
죽음이 그를 휩쓸고 간다.

人營妻子 不解病法 死明卒至 如水湍聚
인영처자 불관병법 사명졸지 여수단취

As a great flood carries off a sleeping village, death takes off and
goes with that man who is giddy (with the possession of) children and
cattle, whose mind is distracted (with the desire for worldly goods).

288

자식도 의지가 되지 않는다.
부모와 친구 또한 의지가 되지 않는다.
죽음의 그림자가 드리워진 사람은 동족이라도 그를 구할 수 없다.

非有子恃 亦非父母 爲死所迫 無親可怙
비유자시 역비부모 위사소박 무친가호

Sons are no protection, nor father, nor relations, for one who is
seized by death, there is no safety in kinsmen.

289

현자는 이 깊은 이치를 깨닫고 도덕적으로 자신을 지키고
곧바로 정신적 자유에 이르는 길을 맑게 해야 한다.

慧解是意 可修經戒 勤行度世 一切除苦
혜해시의 가수경계 근행도세 일체제고

Realizing the significance of this, the wise and righteous man should
even quickly clear the path leading to release.

第 21章
광연품(廣衍品)

여러 가지의 장

MISCELLANEOUS
VERSES

여러 가지

만약 시시한 행복을 버림으로써 큰 행복을 얻을 수 있다면
기꺼이 시시한 행복을 버리는 것이 좋다.
현자는 그렇게 함으로써 큰 행복을 얻게 된다.

施安雖小 其報彌大 慧從小施 受見景福
시안수소 기보미대 혜종소시 수견경복

If, by surrendering a pleasure of little worth one sees a larger
pleasure, the wise man will give up the pleasure of little worth, and
look to the larger pleasure.

남에게 고통을 안겨주고 자신의 행복을 추구하는 것은
원한의 인연을 맺게 되어
결국 그는 원한의 속박에서 벗어날 수가 없다.

施勞於人 而欲望祐 殃咎歸身 自遭廣怨.
시로어인 이욕망우 앙구귀신 자구광원

He who desires happiness for himself by inflicting suffering on
others, he, entangled in the bonds of hatred, is not freed from
hatred.

292

해야 할 일을 게을리 하고, 반대로 해서는 안 될 일을 하면서
교만과 방종에 빠진 사람에게는 본능적 충동만이 증가한다.

已爲多事 非事亦造 伎樂放逸 惡習日增
이위다사 비사역조 기락방일 악습일증

If, giving up what should be done, what should not be done is done,
in those unrestrained and careless, the taints increase.

293

항상 부지런히 노력하고 자신의 행동에 대하여 반성하여
해서는 안 될 행위를 하지 않고 해야 할 임무를 꾸준히 행하는
신중함과 완전한 지혜를 가진 사람에게는
본능적 충동은 결국 사라진다.

精進惟行 習是捨非 修身自覺 是爲正習
정진유행 습시사비 수신자각 시위정습

But those mindfulness is always alert! to (the nature of) the body, who
do not aim at what should not be done, who steadfastly do what
should be done, the impurities of these mindful and wise people
come to an end.

무조건적 사랑이라는 어머니와 흥분이라는 아버지를 죽이고,
존재와 소멸이라는 왕을 죽이고,
객관적 육근(六根)인 '눈, 귀, 코, 혀, 몸, 생각'과
객관적 육경(六境)인 '색, 소리, 향, 맛, 촉각, 법'의
열두 왕국과 탐욕의 종속을 근절시킨 수행자는
번뇌에서 벗어난다.

除其父母緣　王家及二種　遍滅至境士　無垢爲梵志
제 기 부 모 연　왕 가 급 이 종　편 멸 지 경 토　무 구 위 범 지

A (true) Brahmin goes scatheless though he have killed father and
mother and two kings of the warrior caste and a kingdom with all its
subjects.

어머니와 아버지를 죽이고, 두 명의 성스러운 왕을 죽이고,
다섯 번째로 의심이라는 호랑이를 죽인 수행자는
번뇌에서 벗어난다.

學先斷母 率君二臣 廢諸營徒 是上道人
학선단모 율군이신 폐제영도 시상도인

A (true) Brahmin goes scatheless though he have killed father and
mother and two holy kings and an eminent man as the fifth.

부처의 제자들은 항상 마음이 깨어 있다.
그들은 밤이나 낮이나 부처를 생각한다.

能知自覺者 是瞿曇弟子 晝夜當念是 一心歸命佛
능지자각자 시구담제자 주야당염시 일심귀명불

The disciples of Gautama are always well awake, their thought is
always, day and night, set on the Buddha.

부처의 제자들은 항상 마음이 깨어 있다.
그들은 밤이나 낮이나 진리를 생각한다.

善覺自覺者 是瞿曇弟子 晝夜當念是 一心念於法
선각자각자 시구담제자 주야당념시 일심념여법

The disciples of Gautama are always well awake; their thought is always, day and night, set on the Law.

부처의 제자들은 항상 마음이 깨어 있다.
그들은 밤이나 낮이나 항상 승단을 생각한다.

善覺自覺者 是瞿曇弟子 晝夜當念是 一心念於衆
선각자각자 시구담제자 주야당념시 일심념여중

The disciples of Gautama are always well awake; their thought is always, day and night, set on the Order.

부처의 제자들은 항상 마음이 깨어 있다.
그들은 밤이나 낮이나 항상 자신의 육신에 대해 생각한다.

爲佛弟子 常寤自覺 日暮思體 樂觀一心
위불제자 상오자각 일모사체 낙관일심

The disciples of Gautama are always well awake; their thought is
always, day and night, set on the (nature of the) body.

부처의 제자들은 항상 마음이 깨어 있다.
그들은 밤이나 낮이나
남에게 해를 입히지 않도록 조심하며 기뻐한다.

爲佛弟子 當寤自覺 日暮慈悲 樂觀一心
위불제자 당오자각 일모자비 낙관일심

The disciples of Gautama are always well awake; their mind, day and
night, delights in abstinence from harm (compassion, love).

301

부처의 제자들은 항상 마음이 깨어 있다.
그들은 밤이나 낮이나 항상 명상을 하며 즐거워한다.

爲佛弟子 常寤自覺 日暮思禪 樂觀一心
위불제자 상오자각 일막사선 낙관일심

The disciples of Gautama are always well awake; their mind, day and
night, delights in meditation.

출가를 하는 것은 어렵다.
출가의 삶을 즐기는 것은 더더욱 어렵다.
출가의 삶은 어렵고 집에서의 삶은 괴롭다.
함께 나누며 살아야 하는 것 또한 괴로운 일이다.
먹을 것을 찾아 사방으로 방황하는 것은 괴로움이 동반된다.
그렇다면 방황하며 걸식하는 여행을 하지 않으면 된다.
괴로움이 동반되지 않도록 하면 된다.

學難捨罪難　居在家亦難　會止同利難　艱難無過有
학난사죄난　거재가역난　회지동리난　난난무과유
比丘乞求難　何可不自勉　精進得自然　後無欲於人
비구걸구난　하가부자면　정진득자연　후무욕어인

It is hard to leave the world as a recluse and hard to enjoy. Hard also
is it to live at home as a householder. Living with the unsympathetic
is painful. The life of a wanderer is beset with pain. Therefore let no
man be a wanderer, let no one fall into suffering.

303

만약 확신과 도덕을 겸비하고
명예와 재산 또한 갖추고 있다면,
그는 어디를 가더라도 존경을 받을 것이다.

有信則戒成 從戒多致寶 亦從得諧偶 在所見供養
유신즉계성 종계다치보 역종득해우 재소견공양

Whatever region a man of faith, endowed with virtue, with fame,
and prosperity is allotted, even there he is revered.

304

히말라야 산처럼 선한 사람은 멀리서도 그 빛을 발산한다.
이와 반대로 악한 사람은 가까이 있어도 보이지 않는다.
마치 어둠 속에 날아간 화살처럼.

近道名顯 如高山雪 遠道闇昧 如夜發箭
근도명현 지고산설 원도암매 여야발전

Good people shine from afar like the Himalaya mountains but the
wicked are not seen, like arrows shot in the night.

홀로 앉고, 홀로 누워 끝없이 홀로 여행하며
오로지 자기 자신을 억제하며 숲속의 명상을 즐겨라.

一坐一處臥 一行無放逸 守一以正身 心樂居樹間
일좌일처와 일행무방일 수일이정신 심락거수간

Let one sit alone, sleep alone, act alone without being indolent,
subdue his self by means of his self alone: he would find delight in
the extinction of desires.

第22章
지옥품(地獄品)

지옥(地獄)의 장

THE DOWNWARD
COURSE (HELL)

어둠

거짓말을 하는 자는 지옥에 떨어진다.
자신이 한 행동을 "나는 그걸 하지 않았다."고 주장하더라도
어차피 죽은 뒤의 운명은 마찬가지다.
그들은 다음 생에서도 천한 삶을 살게 될 것이다.

妄語地獄近 作之言不作 二罪後俱受 是行自牽往
망어지옥근 작지언불작 이죄후구수 시행자견왕

He who speaks what is not (real) goes to hell; he also, who having
done a thing says 'I do not do it.' After death both become equal,
being men with evil deeds in the next existence.

제아무리 승복으로 몸을 감싸고 있더라도
악행을 저지르며 스스로 마음을 다스리지 못한다면
그 자신의 잘못으로 인해 지옥에 떨어진다.

法衣在其身 爲惡不自禁 苟沒惡行者 從則墮地獄
법의재기신 위악불자금 구몰악행자 종즉타지옥

Many men who are clad in yellow robes are ill-behaved and
unrestrained. Such evil–doers by their evil deeds go to hell.

도덕을 지키지 않고 스스로 마음을 다스리지 못하는 사람은
남에게 받아 쓰기보다는
차라리 뜨거운 쇳덩어리를 삼키는 것이 낫다.

寧啖燒石 呑飮鎔銅 不以無戒 食人信施
영담소석 향음용동 불이무계 식인신시

Better is it for an irreligious unrestained (person) to swallow a ball of
red-hot iron than enjoy the charity of the land.

남의 아내를 탐하며 반성할 줄 모르는 자에게는
네 가지 불행이 닥친다.
흠을 갖는 것, 불안 속에 잠드는 것,
세 번째는 사람들의 비난, 네 번째는 지옥이다.

放逸有四事 好犯他人婦 臥險非福利 毁三淫泆四
방일유사사 호범타인부 와험비복리 훼삼음일사

An unthinking man who courts another's wife gains four things,
access of demerit, broken rest, thirdly blame, and fourthly hell.

310

남의 아내를 탐하는 것은 흠을 갖는 일이다.
그러므로 그는 지옥에 떨어진다.
스스로 두려워하면서 두려워하는
남의 아내와 정을 통하는 즐거움은 너무나 작은 기쁨이다.

不福利墮惡　畏而畏樂寡　王法重罰加　身死入地獄
불복리타악　외이외락과　왕법중벌가　신사입지옥

Their is access of demerit as well as the way to the evil state; there
is the short–lived pleasure of the frightened in the arms of the
frightened, and a heavy penalty from the ruler. Therefore do not run
after another man's wife.

311

억새풀을 잘못 잡으면 손이 베이듯이
수행자라 할지라도 행실이 나쁘면 지옥에 떨어진다.

譬如拔菅草　執緩則傷手　學戒不禁制　獄錄乃自賊
비여발관초　집완즉상수　학계불금제　옥록내자적

As a blade of grass when wrongly handled cuts the hand, so also
asceticism when wrongly tried leads to hell.

312

행동이 게으르고, 계율을 어기고, 바른 행위를 주저한다면
큰 보상을 받을 수 없다.

人行爲慢惰 不能除衆勞 梵行有玷缺 終不受大福
인행위만타 불능제중노 범행유점결 종불수대복

An act carelessly performed, a vow improperly observed, unwilling
obedience to the code of chastity brings no great reward.

313

마땅히 해야 할 일이 있다면 용감하게 나서 행하라.
왜냐하면 부지런히 정진하지 않는 수행자는
오히려 온갖 먼지만 날리게 되기 때문이다.

常行所當行 自持必令强 遠離諸外道 莫習爲塵垢
상행소당행 자지필령강 원리제외도 막습위진구

If anything is to be done let one do it vigorously. A recluse who is
careless only bespatters himself the more with dust.

나쁜 일을 하지 않는 것이 선한 것이다.
왜냐하면 나쁜 일을 저지른 뒤에는 후회가 따르기 때문이다.
착한 일을 하는 것은 선한 것이다.
선행을 한 뒤에는 후회도 없다.

爲所不當爲 然後致鬱毒 行善常吉順 所迹無悔悋
위소부당위 연후치울독 행선상길순 소적무회린

An evil dead left undone is better, for an evil deed causes suffering
later. A good deed done is better for doing, it does not cause
suffering.

성곽의 안팎을 함께 지키듯이 자신을 지켜라.
한시라도 결코 게을리 해서는 안 된다.
만약 기회를 놓치게 된다면 지옥에 떨어져 고통 받을 것이다.

如備邊城 中外牢固 自守其心 非法不生 行缺致憂 令墮地獄
여비변성 중외뢰고 자수기심 비법불생 행결치우 영타지옥

As a frontier town is well-guarded within and without, so guard the
self. Do not let a moment glide by, for they who allow the moments
to pass by suffer when they are consigned to hell.

부끄럽지 않은 일에 수치를 느끼고,
부끄러운 일에 수치를 느끼지 않는
그릇된 생각을 가진 사람은 지옥에 떨어진다.

可羞不羞 非羞反羞 生爲邪見 死墮地獄
가수불수 비수반수 생위사견 사타지옥

They who are ashamed of what they ought not to be ashamed of
and are not ashamed of what they ought to be ashamed of, such
men, following false doctrines, enter the evil path.

두려울 것이 없는 일을 두려워하고,
두려워하지 않아도 될 일에 두려움을 느끼는
그릇된 생각을 가진 사람은 지옥에 떨어진다.

可畏不畏 非畏反畏 信向邪見 死墮地獄
가외불외 비외반외 신향사견 사타지옥

They who fear when they ought not to fear and do not fear when
they ought to fear, such men, following false doctrines, enter the evil
path.

318

잘못이 없는 것을 죄라 생각하고,
잘못을 오히려 죄가 아니라고 생각하는
그릇된 생각을 가진 사람은 지옥에 떨어진다.

可避不避 可就不就 翫習邪見 死墮地獄
가피불피 가취불취 완습사견 사타지옥

Those who discern evil where there is no evil and see nothing evil in
what is evil, such men, following false doctrines, enter the evil path.

319

잘못을 잘못이라 알고, 잘못이 아닌 것을 잘못이 아닌 줄 아는
올바른 생각을 가진 사람은 좋은 곳에 이른다.

可近則近 可遠則遠 恒守正見 死墮善道
가근즉근 가원즉원 항수정견 사타선도

Those who discern evil as evil and what is not evil as not evil, such
men, following the true doctrines, enter the good path.

第 23章
상유품(象喩品)

코끼리의 장

THE ELEPHANT

코끼리

전쟁터의 코끼리가 화살을 견뎌내듯이
나도 세상의 비난을 참는다.
왜냐하면 많은 사람들이 도리에 어긋난 행동을 하기 때문이다.

我如象鬪 不恐中箭 常以誠信 度無戒人
아여상투 불공중전 상이성신 도무계인

I shall endure hard words even as the elephant in battle endures
the arrow shot from the bow; the majority of people are, indeed, ill
natured.

왕은 훈련이 잘된 코끼리를 전쟁터로 끌고 가 올라탄다.
스스로를 제어하고 남의 비방을 참아낼 줄 아는 사람이야말로
훌륭한 사람이다.

譬象調正 可中王乘 調爲尊人 乃受誠信
비상조정 가중왕승 조위존인 내수성신

They lead a tamed elephant into battle; the king mounts a tamed
elephant. The tamed is the best among men, he who endures
patienty hard words.

322

훈련이 잘된 당나귀는 훌륭하다.
인더스 지방의 명마도 훌륭하다.
힘이 센 코끼리 또한 훌륭하다.
그러나 자기 자신을 잘 다스릴 줄 아는 사람은 더욱 훌륭하다.

雖爲常調 如彼新馳 亦最善象 不如自調
수위상조 여피신치 역최선상 불여자조

Good are mules when tamed, so also the Sindhu horses of good breed and the great elephants of war. Better than these is he who has tamed himself.

323

그러나
이런 동물들을 타고 정신적 자유의 길에는 도저히 갈 수 없다.
훈련이 잘된 가축을 타고 가듯이
자신을 제어할 줄 아는 자제력만이 그곳에 이를 수 있다.

彼不能適 人所不至 唯自調者 能到調方
피불능적 인소불지 유자조자 능도조방

For with these animals does no man reach the untrodden country (nirvana) where a tamed man goes on a tamed nature (with his self well-tamed).

재산을 지킨다는 이름의 코끼리는 발정기가 되면
훈련을 시키기가 어려워 묶어 두면 결코 먹이를 먹지 않는다.
이 코끼리는 오로지 자신들의 숲만 그리워하기 때문이다.

如象名財守 猛害難禁制 繫絆不與食 而猶暴逸象
여상명재수　맹해난금제　계반불여식　이유폭일상

The elephant called Dhanapalaka is hard to control when the
temples are running with a pungent sap (in the time of rut). He does
not eat a morsel (of food) when bound. The elephant thinks longingly
of the elephant-grove.

태만한 것은 물론이고 먹고 자는 것만을 즐기며
오로지 빈둥거리기만 하는 어리석은 자는
마치 뚱뚱하게 살찌워진 돼지처럼
태어나고 또 태어나 깊은 번뇌의 윤회를 반복하게 된다.

沒在惡行者 恒以貪自繫 其象不知厭 故數入胞胎
몰재악행자　항이탐자계　기상불지염　고수입포태

If one becomes a sluggard or a glutton rolling himself about in
gross sleep, like a hog fed on wash, that foolish one, again and again,
comes to birth.

326

이 마음은 과거 자신이 바라는 곳,
욕망에 따라 쾌락을 좇아 방황했다.
그러나 이제는 마치 조련사가
발정이 난 코끼리를 잘 제어하듯이
마음을 온전히 제어하리라.

本意爲純行 及常行所安 悉捨降伏結 如鉤制象調
본의위순행 급상행소안 실사항복결 여구제상조

This mind of mine would wander formerly as it liked, as it desired,
as it pleased. I shall now control it thoroughly even as the rider
holding the hook controls the elephant in a state of rut.

327

열심히 정진하는 것에서 기쁨을 찾고
스스로 그 생각을 잘 지켜라.
그리고 마치 늪에 빠진 코끼리처럼
험난한 삶에서 자신을 구하라.

樂道不放逸 常能自護心 是爲拔身苦 如象出于陷
낙도불방일 능상자호심 시위발신고 여상출우함

Be not thoughtless, guard your thoughts. Extricate yourself out of
the evil way as an elephant sunk in the mud.

만약 자신의 행동과 마찬가지로 항상 바른 생활을 하며
흔들림이 없는 지혜로운 친구를 만났다면
온갖 어려움이 닥치더라도
흔들리지 말고 겸손하고 용감하게 함께하라.

若得賢能伴 俱行行善悍 能伏諸所聞 至到不失意
약득현능반 구행행선한 능복제소문 지도부실의

If you find a companion, intelligent, one who associates with you,
who leads a good life, lives soberly, overcoming all dangers, walk
with him delighted and thoughtful.

만약 자신의 행동과 마찬가지로 항상 바른 생활을 하며
흔들림이 없는 지혜로운 친구를 만날 수 없다면
왕이 자신이 정복한 땅을 떠나듯이,
코끼리가 숲을 배회하듯이 홀로 가라.

不得賢能伴 俱行行惡悍 廣斷王邑里 寧獨不爲惡
불득현능반 구행행악한 광단왕읍리 영독불위악

If you do not find a companion, intelligent, one who associates with
you, who leads a good life, lives soberly, walk alone like a king who
has renounced the kingdom he has conquered or like an elephant
(roaming at will) in the forest.

330

홀로 삶의 여정을 가는 것만큼 좋은 것이 없다.

절대로 어리석은 반려자와 함께해서는 안 된다. 홀로 가라.

그러나 나쁜 짓을 해서는 안 된다.

숲을 배회하는 코끼리처럼 욕심이 적어야 한다.

寧獨行爲善 不與愚爲侶 獨而不爲惡 如象驚自護

영독행위선 불여우위려 독이불위악 여상경자호

It is better to live alone, there is no companionship with a fool. Let a man walk alone with few wishes like an elephant (roaming at will) in the elephant-forest. Let him commit no sin.

331

친구란 어떤 일이 벌어졌을 때 소중한 존재다.

만족을 하고 있다면 어떤 일이 있더라도 행복하다.

선행이라고 하는 것은 인생의 마지막 순간의 행복이다.

모든 고통에서 벗어나는 것은 행복이다.

生而有利安 伴軟和爲安 命盡爲福安 衆惡不犯安

생이유리안 반연화위안 명진위복안 중악불범안

Companions are pleasant when an occasion (or need) arises; contentment is pleasant when mutual. At the hour of death merit is pleasant. The giving up of all sorrow is pleasant.

이 세상에 모성과 부성이 있다는 것은 행복한 일이다.
이 세상에 수행자가 있다는 것은 행복한 일이고
수도승이 있다는 것도 행복이다.

人家有母樂　有父斯亦樂　世有沙門樂　天下有道樂
인가유모락　유부사역락　세유사문락　천하유도락

To have a mother is happiness in the world; to have a father is
happiness in the world; to have a recluse is happiness in the world;
to have a sage is happiness in the world.

늙을 때까지 스스로 도덕을 지키는 것은 행복이다.
옳은 확신을 갖는 것은 행복이다. 지혜를 얻는 것은 행복이다.
나쁜 짓을 하지 않는 것은 행복이다.

持戒終老安　信正所正善　智慧最安身　不犯惡最樂
지계종노안　신정소정선　지혜최안신　불범악최락

Happy is virtue lasting to old age; happy is faith firmly rooted; happy
is the attainment of wisdom; happy is the avoidance of sins.

第 24章
애욕품(愛欲品)

애욕의 장

THIRST
(OR CRAVING)

욕망

334

방탕한 행위를 하는 사람은
마치 칡넝쿨처럼 욕정이 점점 더 커져간다.
그는 마치 숲속 이리저리로 열매를 찾아 헤매는 원숭이처럼
이승과 저승을 오가며 끝없이 방황한다.

心放在狀行 欲愛增枝條 分布生熾盛 超躍貪果猴
심방재음행 욕애증지조 분포생치성 초약탐과후

The craving of a thoughtless man grows like a creeper. Like a
monkey wishing for fruit in a forest he bounds hither and thither (from
one life to another).

335

그 누구라도 이 지상에서
끔찍한 독과 같은 이 욕정에 정복당하게 되면,
그의 고뇌는 비온 뒤 비라나 풀이 무성하게 자라듯이
점점 더 커질 것이다.

以爲愛忍苦 貪欲著世間 憂患日夜長 筵如蔓草生
이위애인고 탐욕착세간 우환일야장 연여만초생

Whomsoever this fierce craving, full of poison, overcomes in the
world, his sorrows increase like the abounding birana grass.

그 누구라도
이 세상에서 천박하고 억제하기 어려운 이 욕정을 이겨냈다면,
그의 고뇌는 마치 연잎에서 떨어지는 물방울처럼 떨어질 것이다.

人爲恩愛惑 不能捨情欲 如是憂愛多 潺潺盈于池.
인위은애혹 불능사정욕 여시우애다 잔잔영우지

He who overcomes in this world this fierce craving, difficult to
subdue, sorrows fall off from him like water drops from a lotus leaf.

나는 여기 모인 너희에게 행복의 말을 전하겠다.
너희는 마치 우시라 향 뿌리를 찾는 사람이
비라나 풀을 캐듯이
욕정의 뿌리를 캐내야 한다.
그리고 갈대가 물결에 꺾여버리듯이
결코 악마에게 꺾여서는 안 된다.

爲道行者 不與欲會 先誅愛本 無所殖根 勿如刈葦 令心復生
위도행자 불여욕회 선주애본 무소식근 물여예위 영심복생

I declare to you this good (counsel). 'Do ye, as many as are gathered
here, dig up the root of craving as one digs up the birana grass to
find the usira root, that Mara (Death) may not destroy you again and
again even as the river destroys the reeds (on the bank).'

338

설령 나무가 잘려나가더라도
뿌리는 상처를 입지 않고 살아 있다면
다시 새싹이 돋아나는 것과 마찬가지로
욕정의 뿌리를 끊어내지 않는다면
삶의 고뇌는 끝없이 이어진다.

如樹根深固 雖截猶復生 愛意不盡除 輒當還受苦
여수근심고　수절유부생　애의부진제　첩당환수고

As a tree, even though it has been cut down, grows again if its root
is firm and uninjured (i.e. safe), even so if the adherences of craving
are not destroyed, this suffering returns to us again and again.

339

서른여섯 종류의 욕정이 거친 물결로 흐를 때는
욕정에 취해 불순한 생각을 가진 사람을 휩쓸어버린다.

三十六使流 幷及心意漏 數數有邪見 依於欲想結
삼십육사류　병급심의루　수수유아견　의종욕상결

Him whose thirty–six streams flowing towards pleasures of sense
are strong, whose thoughts are set on passion, the waves carry away
that misguided man.

물결은 사방으로 흐르고 있다.
등나무 넝쿨은 항상 싹이 뻗고 있다.
만약 등나무 넝쿨의 싹이 뻗는 것을 발견했다면
지혜롭게 그 뿌리를 잘라내야 한다.

一切意流衍 愛結如葛藤 唯慧分明見 能斷意根原
일체의류연 애결여갈등 유혜분명견 능단의근원

The streams flow everywhere; the creeper (of passion) keeps on
springing up. If you see that creeper sprung up, cut its root by
means of wisdom.

욕망의 물결에 자신을 빠뜨리고
끝없이 쾌락에 젖어 있는 사람은
탄생보다는 늙음의 괴로운 윤회에 빠지게 된다.

夫從愛潤澤 思想爲滋蔓 愛欲深無底 老死是用增
부종애윤택 사상위자만 애욕심무저 노사시용증

To creatures happen pleasures and wide–ranging endearments.
Hugging those pleasures they hanker after them. Those men indeed
undergo birth and old age.

욕망의 쾌락에 사로잡힌 사람은
마치 덫에 걸린 토끼처럼 발버둥친다.
덫에 걸린 그들은 다음 생에도, 또 다음 생에도
영원히 똑같은 괴로움이 반복된다.

衆生愛纏裏　猶兎在於　爲結使所　數數受苦惱
중생애전리　유면재어　위결사소　수수애고뇌

Men driven on by craving run about like a hunted hare. Fast bound
in its fetters, they undergo suffering for a long time, again and again.

욕망의 쾌락에 사로잡힌 사람은
마치 덫에 걸린 토끼처럼 발버둥친다.
그러므로 수행자는 이러한 욕망에서 벗어나기 위해
자신의 욕정을 끊으려는 노력을 해야 한다.

若能滅彼愛　三有無復愛　比丘已離愛　寂滅歸泥洹
약능멸피애　삼유무부애　비구이이애　적멸귀니원

Men driven on by craving run about like a hunted hare. Let,
therefore, the mendicant, wishing for himself freedom from passion,
shake off craving.

이미 욕망에서 자유로워진 사람이 다시 쾌락에 빠지는 것,
하나의 욕망에서 벗어나 또 다른 하나의 욕망에 달려드는 것,
이런 사람을 보라.
속박에서 벗어나 또 다른 속박의 굴레를 쓰는 것이다.

非園脫於園 脫園復就園 當復觀此人 脫縛復就縛
비 원 탈 어 원 탈 원 부 취 원 당 부 관 차 인 탈 박 부 취 박

He who having got rid of the forest (of desire) gives himself over to
the life of the forest (desire), he who, free from the forest (of desire),
runs back to the forest (of desire),– look at him, though free, he runs
into bondage.

현자는 철이나 나무, 또는 풀로 만든 밧줄을
결코 견고하다고 하지 않는다.
보석과 황금 장신구, 그리고 자식과 아내에 대한 욕망은
더더욱 깨뜨리기 어려운 것이다.

雖獄有鉤섭 慧人不謂牢 愚見妻子息 染着愛甚牢
수 옥 유 구 섭 혜 인 불 위 뢰 우 견 처 자 식 염 착 애 심 뢰

Wise people do not say that fetter is strong which is made of iron,
wood, or fibre, but the attachment to earrings made of precious
stones, to sons, and wives is passionately impassioned.

현자는 이것을 벗어나기 힘든 구속이라 부른다.
이 사슬은 사람을 나락에 떨어뜨리는 것으로,
강하고 풀기 어려운 것이다.
만약 이 사슬을 끊어버린다면
욕심과 욕정의 기쁨을 버리고 속세에서 벗어난다.

慧說愛爲獄　深固難得出　是故當斷棄　不視欲能安
혜설애위옥　심고난득출　시고당단기　불시욕능안

Wise people call strong this fetter which drags down, yields, and is
difficult to unfasten. after having cut this people renounce the world,
free from longings and forsaking the pleasures of sense.

쾌락의 삶을 즐기는 자는 욕망의 흐름을 따라간다.
그것은 마치 자신이 만든 줄을 타고 내려가는 거미와 같은 것이다.
이 줄을 끊어버린 현자는 스스로 욕망과 모든 번뇌를 털어버린다.

以音樂自裏　譬如蠶作繭　智者能斷棄　不盻除衆苦
이음락자리　비여잠작견　지자능단기　불혜제중고

Those who are slaves to passions follow the stream (of craving) as a
spider the web which he has made himself. Wise people, when they
have cut this (craving), leave the world, free from cares, leaving all
sorrow behind.

과거와 미래는 버려라. 그 중간인 현재를 버려라.
그런 사람만이 초월한 삶을 살 수 있다.
그 어떤 것에도 집착하지 않고 자유로운 마음을 갖는 사람은
삶과 늙음의 괴로운 사슬에 얽매이지 않는다.

捨前捨後　捨間越有　一切盡捨　不受生死
사전사후　사간월유　일체진사　불수생사

Give up what is before, give up what is behind, give up what is in the
middle, passing to the farther shore of existence. When your mind is
wholly freed you will not again return to birth and old age.

의심 때문에 마음을 어지럽히고 강한 욕망에 사로잡힌 채
오로지 속세의 쾌락만을 동경하는 사람의 욕정은 점점 더 커진다.
이런 사람은 속박의 끈을 더욱 강하게 조일 뿐이다.

心念放逸者　見淫以爲淨　恩愛意盛增　從是造獄牢
심념방일자　견음이위정　은애의성증　종시조옥뢰

Craving increases more to a creature who is disturbed by thoughts,
full of strong passions, yearning for what is pleasant; he indeed
makes his fetters strong.

의심이 사라지는 것을 기뻐하고
항상 정숙한 정신으로 아무것도 바라지 않고
속세의 쾌락에서 추악함을 보는 사람은
욕정을 정복할 것이다.
이런 사람은 유혹의 굴레에서 벗어날 수 있을 것이다.

覺意滅淫者　常念欲不淨　從是出邪獄　能斷老死患
각의멸음자　상념욕부정　종시출사옥　능단노사환

He who delights in quieting his thoughts, always reflecting, dwells
on what is not pleasant, he will certainly remove, nay, he will cut the
bonds of death.

완전한 경지에 이르러 두려움도, 욕정도, 죄도 없어
삶의 가시를 잘라버린 사람은
그야말로 최후의 육체인 것이다.

無欲無有畏　恬淡無憂患　欲除使結解　是爲長出淵
무욕무유외　념담무우환　욕제사결해　시위장출연

He who has reached the good, who is fearless, who is without
craving and without sin, he has broken the thorns of existence, this
body is his last.

욕정을 버려 그 어떤 것의 지배도 받지 않아 말과 그 뜻을 통해
처음부터 끝까지 글 맥락을 이해한 사람이야말로
최후의 육체라 할 수 있는 위대하고 훌륭한 인물이라고 할 것이다.

盡道除獄縛 一切此彼解 已得度邊行 是爲大智士
진도제옥박 일체차피해 이득도변행 시위대지사

He who is without craving, without appropriation, who is skilful in
understanding words and their meanings, who knows the order of
letters (which are before and which are after), he is called the great sage, the
great person. This is his last body.

"나는 모든 것을 극복하고 모든 것을 다 알게 되었다.
모든 행위에 있어 더럽힘이 없다.
모든 것을 버리고 욕정을 버리는 것에 대하여 해탈하였다.
이런 것들을 나 스스로 터득했다.
그러므로 아무도 스승으로 섬길 필요가 없다."

若覺一切法 能不著諸法 一切愛意解 是爲通聖意.
약각일체법 능불저제법 일체애의해 시위통성의

'I have conquered all, I know all, in all conditions of life I am free
from taint. I have renounced all and with the destruction of craving
I am freed. Having learnt myself, to whom shall I point as teacher?'

포교를 하는 것은 모든 은혜 중에 최고다.
포교를 맛보는 것은 모든 맛 중에 최고다.
포교의 행복은 모든 행복 중에 최고다.
욕정을 버리는 것은 모든 괴로움을 정복하는 것이다.

衆施經施勝 衆味道味勝 衆樂法樂勝 愛盡勝衆苦
중시경시승 중미도미승 중락법락승 애진승중고

The gift of the law surpasses all gifts; the flavour of the law
surpasses all flavours, the delight in the law surpasses all delights.
The destruction of craving conquers all sorrows.

재산은 어리석은 자에게 해를 입히지만
피안에 이상을 품고 있는 사람을 해칠 수는 없다.
어리석은 사람은 재물에 대한 욕망 때문에
스스로를 해치는 것은 물론이고 남에게까지 해를 입힌다.

愚以貪自縛 不求度彼岸 爲貪愛欲故 害人亦自害
우 이 탐 자 박　불 구 도 피 안　위 탐 애 욕 고　해 인 역 자 해

Riches destroy the foolish, not those who seek beyond (the other
shore). By a craving for riches the foolish person destroys himself as
he destroys others.

논밭은 잡초 때문에 망친다.
세상 사람들은 탐욕 때문에 망친다.
그러므로 욕망을 버린 사람에게 은혜를 베푸는 것은
큰 보상을 받을 일이다.

雜草害田地 貪欲害世人 供養無瞋者 故得大果報
잡 초 해 전 지　탐 욕 해 세 인　공 양 무 진 자　고 득 대 과 보

Weeds are the bane of fields and passion the bane of this mankind;
therefore offerings made to those free from passion bring great
reward.

357

논밭은 잡초 때문에 망친다. 세상 사람들은 화 때문에 망친다.
그러므로 분노를 버린 사람에게 은혜를 베푸는 것은
큰 보상을 받을 일이다.

雜草害田地 瞋恚害世人 供養無瞋者 故得大果報
잡초해전지 진에해세인 공양무진자 고득대과보

Weeds are the bane of fields and hatred is the bane of this mankind;
therefore offerings made to those free from hatred bring great
reward.

358

논밭은 잡초 때문에 망친다.
세상 사람들은 어리석음 때문에 망친다.
그러므로 이런 어리석은 사람을 멀리하는 사람에게
은혜를 베푸는 것은 큰 보상을 받을 일이다.

雜草害田地 愚癡害世人 供養無瞋者 故得大果報
잡초해전지 우치해세인 공양무진자 고득대과보

Weeds are the bane of fields and folly is the bane of this mankind;
therefore offerings made to those free from folly bring great reward.

논밭은 잡초 때문에 망친다.
세상 사람들은 욕망 때문에 망친다.
그러므로 이런 욕망에서 벗어난 사람에게
은혜를 베푸는 것은 큰 보상을 받을 일이다.

雜草害田地 欲望害世人 供養無瞋者 故得大果報
잡초해전지 욕망해세인 공양무진자 고득대과보

Weeds are the bane of fields; desire is the bane of this mankind;
therefore offerings made to those freed from desire bring great
reward.

第25章

비구품(比丘品)

탁발승(托鉢僧)의 장

THE MENDICANT

수행자

360

스스로의 눈을 자제하는 것은 옳은 일이다.
귀, 코를 자제하는 것,
그리고 혀를 스스로 자제하는 것은 옳은 일이다.

端目耳鼻口 身意常守正 比丘行如是 可以免衆苦
단목이비구 신의상수정 비구행여시 가이면중고

Restraint in the eye is good; good is restraint in the ear; in the nose
restraint is good; good is restraint in the tongue.

361

행동을 스스로 자제하고 말을 자제하는 것,
그리고 의식을 자제하는 모든 것에서
스스로 자제하는 것은 옳은 일이다.
이러한 모든 것을 자제하는 수행자는
모든 번뇌에서 해탈한다.

端目耳鼻口 身意常守正 比丘行如是 可以免衆生
단목이비구 신의상수정 비구행여시 가이면중생

In the body restraint is good, good is restrain in speech; in thought
restraint is good, good is restraint in all things. A mendicant who is
restrained in all things is freed from all sorrow.

손과 발을 조심하여 지키고, 말을 조심하고 지키며
모든 것을 지키는 것은 최고의 일이다.
마음 깊이 기뻐하고 안정된 마음으로
고독한 삶을 즐기는 사람을
진정한 수행자라 할 수 있다.

手足莫妄犯 節言愼所行 常內樂定意 守一行寂然
수족막망범 절언신소행 상내락정의 수일행적연

He who controls his hand, he who controls his feet, he who controls
his speech, he who is well–controlled, he who delights inwardly, who
is collected, who is alone and content, him they call a mendicant.

말을 조심하여 현명하게 말하고 결코 경박하지 않은 수행자가
진리의 설법을 한다면 그의 말은 꿀처럼 달콤하다.

學當守口 寡言安徐 法義爲定 言必柔軟
학당수구 과언안서 법의위정 언필유연

The mendicant who controls his tongue, who speaks wisely, not
uplifted (puffed up), who illuminates the meaning and the law, his
utterance is sweet.

스스로 교리를 즐거운 낙원으로 여기며 기뻐하고
항상 교리에 대하여 사색하고 교리를 따르는 수행자는
결코 옳은 수행의 길에서 벗어나지 않는다.

樂法欲法 思惟安法 比丘依法 正而不費
낙법욕법 사유안법 비구의법 정이불비

He whose pleasance is the law, who delights in the law, meditates on
the law, follows the law, that mendicant does not fall from the true
law.

스스로 얻은 것을 가볍게 여겨서는 안 된다.
또한 타인이 얻은 것을 부러워해서는 안 된다.
남을 부러워하는 수행자는 정신의 안정을 얻을 수 없다.

學無求利 無愛他行 比丘好他 不得定意
학무구리 무애타행 비구호타 부득정의

He should not overvalue what he himself receives; he should
not envy others. A mendicant who envies others does not obtain
tranquillity.

설령 자신이 얻은 것이 적더라도
수행자는 그것을 가볍게 여겨서는 안 된다.
모든 신들은 맑은 삶을 살며 게으르지 않은 사람을 칭찬한다.

比丘少取 以得無積 天人所譽 生淨無穢
비구소취 이득무적 천인소예 생정무예

Even the gods praise that mendicant who though he receive
little does not overvalue what he receives, whose life is pure and
strenuous.

정신과 육체 속에 '이것은 자신이다.'라는 생각을 갖지 않고,
이 정신과 육체의 소멸에 대해서도 번뇌하지 않는 사람을
수행자라 할 수 있다.

一切名色 非有莫惑 不近不憂 乃爲比丘
일체명색 비유막혹 불근불우 내위비구

He, indeed, is called a mendicant who does not count as his own any
name and form, who does not grieve from having nothing.

368

부처의 가르침을 기뻐하고
자비로운 마음으로 생활하는 수행자는 고요의 길,
모든 욕망을 끊어버리는 더없는 행복을 얻을 것이다.

比丘爲慈 愛敬佛敎 深入止觀 滅行乃安
비구위자 애경불교 심입지관 멸행내안

The mendicant who lives in friendliness and calm (has faith) in the
doctrine of the Buddha, he will attain the tranquil, blessed place
where (bodily) existence is at rest.

369

수행자여, 배를 비우거라. 배를 비우면 빨리 달릴 것이다.
그와 마찬가지로 탐욕과 분노를 끊어버리고
정신적 자유의 경지를 향해 서둘러야 한다.

比丘扈船 中虛則輕 除淫怒痴 是爲泥洹
비구호선 중허즉경 제음노치 시위니원

Empty the boat, O mendicant; when emptied it will go lightly.
Having cut off passion and hatred then you will go to freedom.

욕망에서 비롯되는 탐욕, 분노, 게으름, 교만, 의혹.
이 다섯 가지 번뇌를 끊어라.
의식에 집착하는 것, 무의식에 집착하는 것, 교만, 경박함,
맹복적 본능의 다섯 가지 속박에서 벗어나라.
그리고 확신, 근면, 반성, 정숙, 지혜의
다섯 가지 힘을 실현시켜라.
탐욕, 게으름, 우매함, 거만, 편견
이 다섯 가지 집착을 초월한 수행자는
거친 물결을 건넌 사람이라 할 수 있다.

捨五斷五 思惟五根 能分別五 乃渡河淵
사오단오 사유오근 능분별오 내도하연

Cut off the five, get rid of the five, master (rise above) the five. A
mendicant who has freed himself from the five fetters is called 'one
who has crossed the flood' (of rebirth).

수행자여, 진심으로 반성하라.

결코 게으름을 피워서는 안 된다.

결코 마음에 욕정을 품어서는 안 된다.

지옥에 떨어져 뜨거운 쇳덩이를 삼켜서는 안 된다.

그리고 그 불에 타며 괴로운 비명을 지를 일을 해서는 안 된다.

禪無放逸 莫爲欲亂 不呑鎔銅 自惱憔形

선무방일 막위욕란 불탄용동 자뇌초형

Meditate, O mendicant, be not negligent. Let not your thought
delight in sensual pleasures, that you may not for your negligence
have to swallow the iron ball, that you may not cry out when burning
'This is suffering!'

372

지혜가 없는 자는 정신적 고요가 없다.
또한 정신적 고요가 없는 자에게 지혜는 없다.
만약 누군가가 정신적 고요와 지혜를 모두 갖추고 있다면,
그는 이미 정신적 자유에 가까이 온 것이다.

無禪不智 無智不禪 道從禪智 得至泥洹
무선부지　무지불선　도종선지　득지니원

There is no meditation for one who is without wisdom, no wisdom
for one without meditation; he in whom there are meditation and
wisdom, he indeed is close to nirvana.

373

아무도 없는 빈 집에 들어가 마음을 정숙하게 한 수행자가
공정한 태도로 모든 것의 진상을 바라본다면,
그는 인간을 초월한 행복을 누릴 수 있다.

當學入空 靜居止意 樂獨屛處 一心觀法
당학입공　정거지의　낙독병처　일심관법

A mendicant who with a tranquil heart has entered an empty
house, he has a more than human (divine) delight, through his right
discernment to the law.

육신이 어떻게 나고 어떻게 사라지는지
완벽하게 이해한 사람은 행복과 기쁨을 얻게 된다.
그는 진정한 불멸을 체험한 것이다.

當制五陰 伏意如水 淸淨和悅 爲甘露味
상제오음 복의여수 청정화열 위감로비

Whenever he comprehends the origin and destruction of the
elements of the body he obtains joy and happiness, which is life
eternal to those who know.

이것은 현명한 수행자가 가장 먼저 해야 할 일이다.
"모든 감각을 조심하여 지키고 스스로 만족할 줄 알아야 하며,
승단의 계율을 스스로 지키며 맑은 삶을 살면서
결코 게으르지 않은 선한 친구와 사귀어라."

不受所有 爲慧比丘 攝根知足 戒律悉持
불수소유 위혜비구 섭근지족 계율실시

This is the beginning here to a wise mendicant, control of the
senses, contentment, restraint under the law (according to the precepts of
the patimokkha), cultivation of friends who are noble, of pure life, and
zealous (not slothful).

"자비를 베풀고 의무를 다하라.
그러면 기쁨이 넘치고 괴로움은 종식될 것이다."

生當行淨 求善師友 知者成人 度苦致喜
생당행정 구선사우 지자성인 도고치희

Let him live a life of friendship. Let him be an adept in the discharge
of his duties then his happiness being much he will make an end of
suffering.

바시카 풀이 시든 꽃잎을 흔들어 떨어뜨리듯이
수행자도 이와 마찬가지로 탐욕과 분노를 버려라.

如衛師華 熟知自墮 釋淫怒痴 生死自解
여위사화 숙여자타 석음노치 생사자해

As the vassika plant sheds its withered flowers, O mendicants, so
you should get rid of passion and hatred.

조용히 행동하고 조용히 말하고 정숙하고 통일된 정신,
지상의 모든 향락을 버린 수행자는
안식을 얻은 사람이라 할 수 있다.

止身止言 心守玄默 比丘棄世 是爲受寂
지신지언 심수현묵 비구기세 시위수적

That mendicant is said to be calmed who has a calmed body, a
calmed speech, and a calmed mind, who is well-established, who
has rejected the baits of the world.

스스로 자신을 채찍질하여 스스로를 일깨우라.
스스로를 지키고 삼가며 반성할 줄 아는 사람은
항상 행복하게 살 것이다.

當自勅身 內與心爭 護身念諦 比丘惟安
당자칙신 내여심쟁 호신염체 비구유안

Rouse your self by your self, examine your self by your self. Thus
guarded by your self and attentive you, mendicant, will live happy.

자기는 자신의 주인이고 스스로 의지할 곳이다.
그러므로 상인들이 착한 말을 조련하듯이
자기 자신을 잘 조련하라.

我自爲我 計無有我 故當損我 調乃爲賢
아자위아　계무유아　고당손아　조내위현

For self is the lord of self; self is the refuge of self; Therefore curb
yourself even as a merchant curbs a fine horse.

기뻐하며 부처의 가르침을 따르는 수행자는
평온한 땅에 이르러 욕정이 없는 더없는 행복을 누릴 것이다.

喜在佛敎 可以多喜 至到寂寞 行滅永安
희재불교　가이다희　지도적막　행멸영안

The mendicant full of delight, calm (with faith) in the doctrine of
the Buddha, will certainly reach the peaceful state, the cessation of
natural existence and happiness.

382

비록 나이 어린 수행자라 하더라도
부처의 가르침에 전념한다면,
그는 마치 구름을 벗어난 달처럼 이 세상을 비출 것이다.

儻有少行 應佛敎戒 此照世間 如日無曀
당유소행 응불교계 차조세간 여일무예

The mendicant who, though young, applies himself to the doctrine
of the Buddha, he illuminates this world like the moon when freed
from a cloud.

第 26 章
바라문품(婆羅門品)

성직자(聖職者)의 장

THE BRAHMIN

브라만

수행자여,
단호한 힘으로 욕망의 흐름을 끊고 모든 욕정을 버려라.
수행자여,
피조물은 모두 사라진다는 것을 깨우친다면
자유의 경지를 깨닫게 될 것이다.

截流而渡 無欲如梵 知行已盡 是謂梵志
절류이도 무욕여범 지행이진 시위범지

O Brahmin, cut off the stream, be energetic, drive away desires.
Knowing the destruction of all that is made (or the elements of existence)
you know the uncreated, O Brahmin.

절제와 사색의 두 가지 방법으로 수행자가 피안에 도달한다면,
진리를 이해한 사람에게는 모든 속박이 사라진다.

以無二法 淸淨渡淵 諸欲結解 是謂梵志
이무이법 청정도연 제욕결해 시위범지

When the Brahmin has reached the other shore in both laws, to him
who knows all bonds vanish.

그런 사람에게는 이쪽과 저쪽이 없다.
그러므로 공포도 없고 욕망의 속박도 없는 사람이야말로
수행자라 부를 수 있다.

適彼無彼 彼彼已空 捨離貪淫 是謂梵志
적피무피 피피이공 사리탐음 시위범지

Him I call a Brahmin for whom there is neither this shore nor that
shore, nor both, who is free from fear and free from shackles.

386

생각을 고요하게 하고 욕정을 버리기 위해 노력하고
마땅히 해야 할 일을 실행하며
맹목적 충동보다는 해탈하여
최고의 이상에 도달한 사람을 진정한 수행자라 부를 수 있다.

思惟無垢 所行不漏 上求不起 是謂梵志
사유무구 소행불루 상구불기 시위범지

Him I call a Brahmin who is meditative, free from passion, settled,
whose work is done, free from taints and who has attained the
highest end (of sainthood).

387

태양은 낮에 빛이 나고 달은 밤에 빛이 난다.
무사는 무장을 하였을 때 빛이 나고
수행자는 마음이 안정될 때 빛이 난다.
그러나 부처는 밤낮을 가리지 않고 위엄을 갖고 빛이 난다.

日照於晝 月照於夜 甲兵照軍 禪照道人 佛出天下 照一切冥
일조어주 월조어야 갑병조군 선조도인 불출천하 조일체명

The sun shines by day, the moon lights up the night, the warrior
shines in his armour, the Brahmin shines in his meditation, but the
awakened shines all day and night by his radiance (of spirit).

388

모든 악에서 벗어났기 때문에 수행자라 부른다.
고요하게 반성하며 생활하기 때문에 수행자라 부른다.
스스로 때를 씻어냈기 때문에 출가자라 부른다.

出惡爲梵志 入正爲沙門 棄我衆穢行 是則爲捨家
출악 위범지 입정 위사문 기아중예행 시즉위사가

Because he has put aside evil he is called a Brahmin; because he lives
in serenity he is called a samana; because he puts away his impurities
he is called pabbajita.

389

절대로 수행자를 때려서는 안 된다.
수행자는 맞더라도 화를 내서는 안 된다.
수행자를 때린 자에게 재앙이 있기를.
그리고 맞아서 화를 낸 수행자에게 더 큰 재앙이 있기를.

不椎梵志 不放梵志 突椎梵志 放著亦出
불추범지 불방범지 돌추범지 방자역출

One should not attack a Brahmin; let not the Brahmin free (his anger)
on him (the evil-doer); woe to him who slays a Brahmin and more woe
to him who sets free (his anger) on him (the evil-doer).

390

만약 수행자가 마음에서 인생의 쾌락을 멀리한다면
그 보상은 실로 크다.
타인에게 해를 입히려는 마음이 사라진다면
괴로움 또한 사라지게 된다.

若義於愛 心無所著 已捨已正 是滅衆苦
약의어애 심무소착 이사이정 시멸중고

It is no slight benefit to a Brahmin when he holds his mind back
from the pleasures of life. Wherever the wish to injure desists, even
there is cessation of suffering.

391

행동에서도, 말에서도, 의지에 있어서도
나쁜 짓을 범하지 않는 이 세 가지 형식을
지키고 조심하는 사람이야말로 수행자라 부를 수 있다.

身口與意 淨無過失 能攝三行 是謂梵志
신구여의 정무과실 능섭삼행 시위범지

Him I call a Brahmin who does not hurt by body, speech, or mind,
who is controlled in these three things.

392

완전한 깨달음에 이른 부처의 말씀대로
누군가에게 이 교리를 배웠다면
수행자가 성화를 공경하듯이 마음으로 그 사람을 존경해야 한다.

若心曉了 佛所說法 觀心自歸 淨於爲水
약심효로 불소설법 관심자귀 정어위수

Him who has understood the law as taught by the well-awakened (fully enlightened) one, him should a man worship reverentially, even as the Brahmin worships the sacrificial fire.

393

머리를 묶었다고 수행자가 아니다.
뛰어난 집안 출신이라고 해서 수행자가 아니다.
그에게 실상을 볼 수 있는 능력이 있고
교리를 이해하고 있다면
축복을 받은 수행자라 할 수 있다.

非族結髮 名爲梵志 誠行法行 清白則賢
비족결발 명위범지 성행법행 청백즉현

Not by matted hair, not by lineage, not by caste does one become a Brahmin. He is a Brahmin in whom there are truth and righteousness. He is blessed.

394

어리석은 자여, 머리를 묶는다고 해서 무엇이 달라지겠는가.
가죽옷을 입었다고 해서 무슨 가치가 있겠는가.
네 마음속 집착은
오로지 겉모습을 아름답게 꾸미는 것뿐이다.

飾髮無慧 草衣何施 內不離著 外捨何益
식발무혜 초의하시 내불리착 외사하익

What is the use of matted hair, O fool, what of the raiment of
goat–skins? Thine inward nature is full of wickedness; the outside
thou makest clean.

395

누더기 옷을 입고, 앙상하게 여위고,
힘줄이 튀어나온 채 홀로 숲 속에서 명상에 잠긴 사람을
수행자라 한다.

被服弊惡 躬承法行 閑居思惟 是謂梵志
피복폐악 궁승법행 한거사유 시위범지

Him I call a Brahmin who wears cast–off garments, lean, spread
over with veins, solitary, and who practises meditation in the forest.

수행자 집안의 여자 몸에서 태어났다고 해서
수행자라 부를 수 없다.
또한 수행자의 어머니에게서 태어났다고 해서
수행자라 부르지는 않는다.
또한 그에게 재산이 있는 것도 문제가 되지 않는다.
그러나 아무것도 가지지 않고
그 어떤 것에도 집착을 하지 않는 사람이야말로
스스로 수행자라 부를 수 있다.

我不說梵志 託父母生者 彼多衆瑕穢 滅則爲梵志.
아 불 설 범 지 탁 부 모 생 자 피 다 중 하 예 멸 칙 위 범 지.

I do not call him a Brahmin because of his origin or of his mother.
If he be with goods he is called bhovadi. Him I call a Brahmin who
is free from goods and free from attachment.

397

모든 내적 속박을 끊어 더 이상 두려울 것이 없으며
아무것도 집착하지 않는 그런 사람을 수행자라 부를 수 있다.

絕諸可欲 不淫其志 委棄欲數 是謂梵志
절제가욕 불음기지 위기욕삭 시위범지

Him I call a Brahmin who has cut all the fetters, who never trembles (in fear), who has passed beyond attachments, who is separated (from what is impure).

398

노끈과 덫과 밧줄, 그리고 이와 관련된 모든 것을 끊어버리고
빗장까지 부숴버린 현자를 수행자라 부를 수 있다.

斷生死河 能忍超度 自覺出塹 是謂梵志
단생사하 능인초도 자각출참 시위범지

Him I call a Brahmin who has cut the strap and the thong and the chain with its appurtenances, who has burst the bar and is awakened.

욕설과 체벌, 감금까지 화를 내지 않고 참는,
인고의 정신이 강하고 마음이 용감한 사람을
수행자라 부를 수 있다.

見罵見擊 默受不怒 有忍耐力 是謂梵志
견매견격 묵수불노 유인욕력 시위범지

Him I call a Brahmin who, though he has committed no offence,
bears patiently reproach, ill-treatment, imprisonment; who has
endurance for his force and strength for his army.

화내지 않고 자신의 의무를 다하며
도덕을 지키고 욕망으로부터 자유로워져 자신을 지키며
다시는 추락하지 않는 경지에 도달한 사람이야말로
수행자라 할 수 있다.

若見侵欺 但念守戒 端身自調 是謂梵志
약견침기 단념수계 단신자조 시위범지

Him I call a Brahmin who is free from anger, who is careful of
religious duties, observes the moral rules, pure, controlled, and wears
his last body.

연잎에 맺힌 물방울처럼, 바늘 끝의 겨자씨처럼
그 어떤 욕정에도 물들지 않은 사람을
수행자라 할 수 있다.

心棄惡法 如蛇脫皮 不爲欲汚 是謂梵志
심기악법 여사탈피 불위욕오 시위범지

Him I call a Brahmin who, like water on the leaf of a lotus or a
mustard seed on the point of an awl, does not cling to pleasures.

이 세상에서 자신의 고뇌를 종식시키는 방법을 알고
인생의 무거운 짐을 내려놓고 속박에서 벗어난 사람을
수행자라 할 수 있다.

覺生爲苦 從是滅意 能下重擔 是謂梵志
각생위고 종시멸의 능하중담 시위범지

Him I call a Brahmin who, even here, knows the end of his
suffering, who has laid aside his burden, who is detached.

403

지혜로운 현자로 어떤 것이 옳은 길인지,
부정한 길인지를 분별하여
최고의 이상에 도달할 수 있는 사람을
수행자라 할 수 있다.

解微妙慧 辯道不道 體行上義 是謂梵志
해미묘혜 변도부도 체행상의 시위범지

Him I call a Brahmin whose wisdom is deep, who possesses
knowledge, who discerns the right way and the wrong and who has
attained the highest end.

404

가족과 함께 사는 사람, 가족을 떠난 사람,
이 둘과 어울리지 않고 집 없이 방랑하며
바라는 것이 적은 사람이야말로
수행자라 부를 수 있다.

棄損家居 無家之畏 少求寡欲 是謂梵志
기연가거 무가지외 소구과욕 시위범지

Him I call a Brahmin who keeps away from both house holders
(laymen) and the houseless (mendicants), who does not frequent house
and has but few wants.

약한 것, 강한 것, 살아 있는 것에 폭력을 가하지 않고
해를 입히지도 않으며 죽이지 않는 사람이야말로
수행자라 부를 수 있다.

棄放活生 無賊害心 無所嬈惱 是謂梵志
기방활생 무적해심 무소요뇌 시위범지

Him I call a Brahmin who lays aside the rod with regard to creatures,
moving or unmoving, and neither kills nor causes (their) death.

적대감을 가진 사람들 속에서 자신은 적대감을 품지 않고,
폭도 무리 속에서 평온한 마음을 품는 사람,
탐욕자들 속에서 탐욕이 없는 사람을
수행자라 부를 수 있다.

避爭不爭 犯而不慍 惡來善待 是謂梵志
피쟁부쟁 범이불온 악래선대 시위범지

Him I call a Brahmin who is without hostility among those who are
hostile, who is peaceful among those with uplifted staves, who is
unattached among those who are attached.

바늘 끝에 있는 겨자씨를 털어내듯이
탐욕, 분노, 자만, 거짓을 모두 털어낸 사람이야말로
수행자라 부를 수 있다.

去淫恕痴 驕慢諸惡 如蛇脫皮 是謂梵志
거음노치 교만제악 여사탈피 시위범지

Him I call a Brahmin whose passion and hatred, pride and hypocrisy
have fallen like a mustard seed from the point of an awl.

거칠지 않고 타인을 배려하며 진실하게 말을 하여
결코 남을 화나게 하지 않는 사람이야말로
수행자라 부를 수 있다.

斷絕世事 口無序言 入道審諦 是謂梵志
단절세사 구무추언 팔도심제 시위범지

Him I call a Brahmin who utters true speech, free from harshness,
clearly understood, by which no one is offended.

409

주어지지 않은 것이 길든 짧든, 작든 크든,
좋은 것이든 나쁜 것이든
결코 이 세상에서 취하지 않는 사람이야말로
수행자라 부를 수 있다.

所世惡法 佾短巨細 無取無捨 是謂梵志
소세악법 일단거세 무취무사 시위범지

Him I call a Brahmin who does not take, here in the world, what is
not given him, be it long or short, small or large, good or bad.

410

이승에서도, 그리고 저승에서도
아무 욕심이 없고 집착도 없고
속박을 당하지 않는 사람이야말로
수행자라 부를 수 있다.

今世行淨 後世無穢 無習無捨 是謂梵志
금세행정 후세무예 무습무사 시위범지

Him I call a Brahmin who has no desires for this world or for the
next, who is free from desires and who is separated (from impurities).

411

아무 집착도 없고 지혜가 있어 이런저런 의혹이 없는
영원한 깊이에 도달한 사람이야말로
수행자라 부를 수 있다.

棄身無義 不誦異言 行甘露滅 是謂梵志
기신무의　불송이언　행감로멸　시위범지

Him I call a Brahmin who has no desires, who is free from doubt
knowledge (of the truth), who has reached the depth of the eternal.

412

이 세상에서 선행과 악행을 모두 초월하여
근심이 없고 집착도 하지 않아 마음이 맑은 사람이야말로
수행자라 부를 수 있다.

於罪與福 兩行永除 無憂無塵 是謂梵志
여죄여복　양행영제　무우무진　시위범지

Him I call a Brahmin who here has passed beyond the attachments
of good and evil, who is free from grief, free from passion, free
from impurity.

구름이 끼지 않은 달처럼 마음이 맑아
모든 쾌락에 전혀 관심이 없는 사람을
수행자라 부를 수 있다.

心喜無垢 如月盛滿 謗毁已除 是謂梵志
심희무구 여월성만 방훼이제 시위범지

Him I call a Brahmin who like the moon is stainless, pure, serene,
undisturbed, in whom joyance is extinguished.

험하고 걷기 힘든 길, 삶보다 죽음에 대한 번뇌의 고리,
그리고 인생에 대한 무지 등을 초월하고 피안에 도달하여
고요히 욕망과 의혹을 버리고 아무런 집착이 없어
그 어떤 욕심도 없는 사람을
수행자라 부를 수 있다.

見痴往來 墮塹受苦 欲單渡岸 不好他語 唯滅不起 是謂梵志
견치왕래 타참수고 욕단도안 불호타어 유멸불기 시위범지

Him I call a Brahmin who has gone beyond this miry road of
rebirth and delusion, difficult (to cross), who has crossed over, who
has reached the other shore, who is meditative, unagitated, not
doubting, not grasping, and calm.

이 세상의 모든 욕망을 버리고 집 없이 방랑하며
욕망을 전혀 품지 않는 사람이야말로
수행자라 부를 수 있다.

已斷恩愛 離家無欲 愛有已盡 是謂梵志
이단은애 이가무욕 애유이진 시위범지

Him I call a Brahmin who, in this world, giving up all sensual
pleasures, wanders about without a home, in whom all desire for
existence is extinguished.

이 세상의 모든 삶의 욕심을 버리고 집 없이 방랑하며
욕심을 전혀 품지 않은 사람이야말로
수행자라 부를 수 있다.

已斷渴望 離家放浪 愛有執着 是謂梵志
이단갈망 이가방랑 애유집착 시위범지

Him I call a Brahmin who, in this world, giving up all craving
wanders about without a home, in whom all craving for existence is
extinguished.

인간 세상의 속박을 끊고 신들의 속박도 초월하여
모든 속박에서 해탈한 사람이야말로
수행자라 부를 수 있다.

離人聚處 不墮天聚 諸聚不歸 是謂梵志
이인취처 불타천취 제취불귀 시위범지

Him I call a Brahmin who, casting off attachment to human things,
rises above attachment to heavenly things, is separated from all
attachments.

즐거움과 괴로움을 모두 깨뜨리고 마음이 맑고 깨끗하여
모든 대상으로부터 자유로워져
세속적 즐거움과 싸워 이긴 용감한 사람을
수행자라 부를 수 있다.

棄樂無樂 滅無熅燸 健違諸世 是謂梵志
기락무락 멸무온유 건위제세 시위범지

Him I call a Brahmin who gives up what is pleasurable and what is
unpleasurable, who is cooled and is free from any seeds (of renewed
existence), the hero who has conquered all the worlds.

모든 생명이 있는 것들의 멸망과 환생에 대하여 알고
애착을 버리고 진리에 도달한 지혜로운 사람을
수행자라 부를 수 있다.

所生已訖 死無所趣 覺安無依 是謂梵志
소생이글 사무소취 각안무의 시위범지

Him I call a Brahmin who knows everywhere the perishing of living
things and their uprising, who is free from attachment, living aright,
and who is awakened.

420

모든 신들조차 그 사람의 인생 발자취를 알 수 없다.
하물며 귀신과 인간이 알 수조차 없는
욕정을 정복한 성자야말로
수행자라 부를 수 있다.

已度五道 莫知所墮 習盡無餘 是謂梵志
이도오도 막지소타 습진무여 시위범지

Him I call a Brahmin whose path the gods do not know, nor spirits
nor men, whose taints are extinct and who has attained sainthood.

421

지나간 삶에 있어서도, 다가올 삶에 있어서도,
그 중간인 현재에 있어서도 아무것도 소유하지 않는,
소유 개념이 없고 바라는 것조차 없는 사람이야말로
수행자라 부를 수 있다.

于前于後 及中無有 無操無捨 是謂梵志
우전우후 내중무유 무조무사 시위범지

Him I call a Brahmin for whom there is nothing before, behind, or
between, who has nothing and is without attachment.

422

힘 센 최후의 승자, 위대한 현자, 승리에 빛나는 사람,
욕심이 없고 완전한 현자야말로
수행자라 부를 수 있다.

最雄最勇 能自解度 覺意不動 是謂梵志
최웅최용 능자해도 각의부동 시위범지

Him I call a Brahmin who is fearless (like a bull), noble, heroic, the all-
wise, who has overcome (death), the sinless who has accomplished
his study, the awakened.

전생에 대해 알고 천국과 지옥을 보고 윤회의 끝에 도달하여
완전한 지혜에 이른 현자,
모든 것을 깨닫고 성취한 사람이야말로
수행자라 부를 수 있다.

自知宿命 本所更來 得要生盡 叡通道玄 明如能默 是謂梵志
자지숙명 본소갱래 득요생진 예통도현 명여능묵 시위범지

Him I call a Brahmin who knows his former abodes (lives), who
perceives heaven and hell, has reached the end of birth, is a sage
whose knowledge is perfect and has accomplished all that has to be
accomplished.

마음의 향기를 품은 법구경

2020년 08월 20일 1판 3쇄 인쇄
2020년 08월 25일 1판 3쇄 펴냄
엮은이 | 법구
한   역 | 차평일
영   역 | 라다크리슈난
기   획 | 김민호
발행인 | 김정재
펴낸곳 | 뜻이있는사람들
등   록 | 제410-304호
주   소 | 경기도 고양시 덕양구 지도로92번길 55.다동 201호
전   화 | (031) 914-6417
팩   스 | (031) 914-6148
이메일 | naraeyearim@naver.com
ISBN 978-89-90629-36-4 03220